EUROPA:
CRISE E RENOVAÇÃO

O GEN | Grupo Editorial Nacional reúne as editoras Guanabara Koogan, Santos, Roca, AC Farmacêutica, Forense, Método, LTC, E.P.U. e Forense Universitária, que publicam nas áreas científica, técnica e profissional.

Essas empresas, respeitadas no mercado editorial, construíram catálogos inigualáveis, com obras que têm sido decisivas na formação acadêmica e no aperfeiçoamento de várias gerações de profissionais e de estudantes de Administração, Direito, Enfermagem, Engenharia, Fisioterapia, Medicina, Odontologia, Educação Física e muitas outras ciências, tendo se tornado sinônimo de seriedade e respeito.

Nossa missão é prover o melhor conteúdo científico e distribuí-lo de maneira flexível e conveniente, a preços justos, gerando benefícios e servindo a autores, docentes, livreiros, funcionários, colaboradores e acionistas.

Nosso comportamento ético incondicional e nossa responsabilidade social e ambiental são reforçados pela natureza educacional de nossa atividade, sem comprometer o crescimento contínuo e a rentabilidade do grupo.

Edmund Husserl

EUROPA: CRISE E RENOVAÇÃO

Artigos para a revista Kaizo
A crise da humanidade europeia e a filosofia

De acordo com os textos de Husserliana VI e XXVII

Editados por
Walter Biemel e Thomas Nenon / Hans Rainer Sepp

Tradução de
Pedro M. S. Alves
Carlos Aurélio Morujão

Diretor científico
Pedro M. S. Alves

Aprovada pelos Arquivos-Husserl de Lovaina
Centro de Filosofia da Universidade de Lisboa

Rio de Janeiro

- Translation from German language edition:
DIE KRISIS DER EUROPÄISCHEN WISSENSCHAFT EN UND DIE TRANSZENDENTALE PHÄNOMENOLOGIE
by Edmund Husserl

Com base num convênio com a Springer Veriag e o Centro de Filosofia da Universidade de Lisboa, detentor dos direitos da tradução para língua portuguesa, a qual foi realizada no quadro do Projeto de Investigação "Tradução das Obras de Husserl" da FCT, sob a direção de Pedro M. S. Alves

- **Europa: crise e renovação**
ISBN 978-85-309-5826-8
Direitos exclusivos da presente edição para o Brasil

FORENSE UNIVERSITÁRIA um selo da EDITORA FORENSE LTDA.
Uma editora integrante do GEN | Grupo Editorial Nacional
Travessa do Ouvidor, 11 - 6º andar - 20040-040 - Rio de Janeiro - RJ
Tels.: (0XX21) 3543-0770 - Fax: (0XX21) 3543-0896
bilacpinto@grupogen.com.br | www.grupogen.com.br

1ª edição - 2014
Tradutor: Carlos Aurélio Morujão e Pedro M. S. Alves
Diretor científico: Pedro M. S. Alves

- CIP - Brasil. Catalogação-na-fonte.
Sindicato Nacional dos Editores de Livros, RJ.

H96e
Husserl, Edmund, 1859-1938
Europa: crise e renovação: artigos para a revista Kaizo - a crise da humanidade europeia e a filosofa / Edmund Husserl; tradução Pedro M. S. Alves e Carlos Aurélio Morujão. - 1 ed. - Rio de Janeiro: Forense Universitária, 2014.

176 p. : il.
Tradução de: *Die krisis des europäischen menschentums und die philosophie*
ISBN 978-85-309-5826-8

1. Filosofia moderna. 2. Ciência - Filosofia. 3. Fenomenologia. 4. Transcendentalismo. I. Título.

14-14040.

CDD: 190
CDU: 1

ÍNDICE GERAL

INTRODUÇÃO NA TRADUÇÃO PORTUGUESA

Se bem que relativamente tardia, é complexa e matizada a reflexão husserliana sobre a Cultura e, em particular, o significado do Ocidente. Ela desenvolveu-se sobretudo nas décadas de 20 e de 30 do século XX. Teve, porém, o seu início por ocasião das vicissitudes da Primeira Grande Guerra – catastróficas para a Europa no seu todo e, para Husserl, também dramáticas no plano pessoal, com as mortes de seu filho Wolfgang, em 1916, no campo de batalha de Verdun, e de Adolf Reinach, seu discípulo, em 1917 –, nas célebres lições sobre Fichte, proferidas em Friburgo, no ano de 1917, e repetidas por duas vezes em 1918. Os dois opúsculos aqui reunidos – os artigos para a revista japonesa *Kaizo*, de 1923-24, e a conferência de Viena, de 1935 –, apesar da distância temporal de mais de uma década, são peças essenciais de uma mesma reflexão e apresentam uma unidade e complementaridade assinaláveis.

Neles, duas ideias funcionam como motivos permanentes de reflexão. Elas contêm, mais que um diagnóstico acabado, uma identificação dos sintomas a partir dos quais será possível compreender o destino da cultura europeia e agir tempestivamente sobre a sua situação presente. São elas as ideias de *crise* e de *renovação*. "A Europa está em crise", "Algo novo deve suceder" – tais são as duas afirmações terminantes que Husserl faz, em uníssono com muitos outros pensadores contemporâneos, no início da conferência de Viena, de 1935, e no primeiro dos artigos para a revista japonesa *Kaizo*, de 1923. Elas são o centro de gravidade de todo o pensamento de Husserl nestes dois opúsculos.

Essas ideias de *crise* e de *renovação* estão, porém, ligadas de uma maneira diametralmente oposta tanto ao modo costumeiro de relacioná-

-las como à maior parte dos diagnósticos hodiernos da cultura europeia, muitos deles célebres.

Desses últimos, mencionemos apenas dois casos, que estão a montante e a jusante destes opúsculos husserlianos que ora se publicam. Primeiro, o de Oswald Spengler, em 1918, com a longa obra intitulada *A Decadência do Ocidente. Esboço de uma Morfologia da História Mundial*, onde um biologismo da cultura, totalmente contrário ao pensamento de Husserl, anuncia a desagregação e a morte da cultura ocidental. Uma e outra vez, na conferência de Viena e no primeiro artigo para *Kaizo*, Husserl alude a esta tese e toma distância relativamente a esta concepção global a respeito do destino do Ocidente. "Por razões essenciais, não há nenhuma zoologia dos povos", dirá em um passo significativo da conferência de Viena.

De seguida, e em um contraste ainda mais vivo, é instrutivo mencionar aquele diagnóstico que, em 1936, em plena maré nazista e fascista, Heidegger havia de fazer em Roma, sob o título *A Europa e a Filosofia Alemã*, uma conferência que faz um díptico a negro com a de Husserl em Viena, proferida apenas um ano antes, e onde se torna patente que Heidegger não é apenas o "antípoda filosófico" de Husserl no quadro das discussões de escola sobre Fenomenologia, como este uma vez confessou, mas o seu completo oposto no que diz respeito às questões mais vastas da Cultura, da Política e da Civilização. Heidegger termina sugestivamente a sua conferência com um célebre fragmento de Heráclito sobre *polemos*, a guerra ou o combate. É bem significativo que *polemos*, aquele que, nas palavras de Heráclito, expõe a uns como *douloi*, servos, e a outros como *eleutheroi*, livres, seja, nas palavras de Heidegger, aquele que expõe uns homens como escravos (*Knechte*) e outros como Senhores (*Herren*). Ora, para Senhor, neste sentido preciso do domínio sobre outrem, os Gregos usavam a palavra *despotes*, e a relação de senhorio e servidão é, na sua origem, uma relação que se desenvolve na esfera doméstica do *oikos*. Que esta não seja a experiência originária da liberdade para os Gregos, é o que o atesta o célebre verso de Menandro: "Na Casa [*oikos*], o único escravo é o Senhor [*despotes*]". A experiência grega da liberdade (da *eleutheria*) e do seu contrário, a servidão, é, antes, a experiência da inserção do indivíduo na vida da *polis* e do seu surgimento como cidadão, na igualdade com os demais. Só no mútuo reconhecimento da igual liberdade de todos pode cada um ser efetivamente livre. É este o terreno, "político" por excelência, da liberdade dos Gregos, que implicava, na época clássica, os direitos políticos muito concretos de, por exemplo, falar e votar na Assembleia, ser arconte ou nomear os magistrados, e outros. É por referência a ele que se deve compreender a privação de liberdade própria do escravo. A tradução de *eleutherios* por *Herr*, ou seja, a submersão da liberdade política na esfera das relações de domínio e servidão, é não só uma perversão do que significa liberdade para os Gregos, mesmo para um "pré-clássico" como Heráclito, como uma flagrante confissão do que ela estava significando para o Heidegger de 1936. Ela era, como a conferência o diz logo no início, o destino do povo alemão para um projeto de autoafirmação, conjugando as ideias de defesa perante "o asiático" (certamente o nome moderno para os *barbaroi* de outrora, que incluía, por junto, a Rússia bolchevista e os judeus europeus) e de superação do "desenraizamento" e "fragmentação" da Europa.

Coisa completamente diversa tinha Husserl para dizer acerca da Filosofia e da supranacionalidade europeia, em 1935. A cultura filosófica é a cultura da Razão. Nesse sentido, a Filosofia não é europeia. Pelo contrário, é a Europa que é filosófica. E a grandeza da Europa filosófica, o seu estatuto de "arconte" da Humanidade, não se confunde com qualquer projeto de domínio protagonizado por um povo, mas com o modo como ela, na finitude das suas formas de cultura, é o fenômeno da ideia infinita de uma cultura racional que pode, sem limites, tornar-se a cultura de uma Humanidade universal. A supranacionalidade europeia não será, por isso, um projeto de dominação para uso dos "europeus", mas a ideia de uma humanidade autêntica, congregada nas tarefas infinitas de realização da Razão, que jamais poderão alcançar uma forma final e definitiva, apta para uma repetição regular ou para uma imitação sem critério. É justamente neste contexto que a ideia de *strenge Wissenschaft*, Ciência Estrita, é relevada por Husserl como o lugar de realização de uma cultura autêntica, articulada nos planos da vida cognitiva, ética e social. Neste contexto, não tem qualquer sentido a acusação, muito disseminada, de um "eurocentrismo" de Husserl. Antes de afirmá-lo, seria, de fato, importante esclarecer o que a Europa verdadeiramente é, para Husserl, e de que é ela a fenomenalização.

Nessa perspectiva, compreende-se que o modo como, nestes opúsculos, as ideias de *crise* e de *renovação* aparecem conjugadas choque também, como dissemos, com a forma costumeira de pensá-las. Não se trata, para Husserl, da verificação, no plano fatual, de uma crise qualquer da Europa que impusesse uma inovação na sua cultura ou, mais fundo ainda, um novo começo diante da suposta falência do caminho até então percorrido. Não se trata, pois, com o tema da crise, da verificação de um fracasso da cultura da Razão. Pelo contrário, trata-se de renovação, não de inovação. E a renovação não é resposta à falência de um projeto. Ela consiste, antes, no regresso ao sentido original da cultura europeia e no cumprimento da exigência de constante renovação que lhe é ínsita, ou seja, de constante reatualização do seu ideal de vida. Em suma, a crise detectada não é culminação de uma trajetória da cultura europeia que se revelaria, por fim, inviável, mas um abandono de rumo; e a renovação exigida não é, por isso, reinvenção, mas regresso e repristinação. Husserl aponta com clareza o ponto em que a crise se originou: trata-se de um transvio da racionalidade, de uma interpretação sua demasiado estreita, sob o padrão das ciências matemáticas da Natureza, com as inevitáveis consequências do naturalismo e do objetivismo na compreensão da essência da subjetividade. Esta limitação da forma de uma cultura racional está apelando, do ponto de vista de Husserl, não para um abandono da matriz racional de uma cultura autêntica, mas para um "superracionalismo" e para um "heroísmo da Razão", que possa restabelecer as conexões perdidas entre racionalidade e vida e vencer, assim, essa situação crítica atual de desespero perante o silêncio da Razão no que respeita aos problemas mais fundos da subjetividade e da vida humana. Dar a forma de uma cultura racional à vida ética individual e comunitária, surpreender a *renovação* como exigência basilar da humanidade autêntica, que a põe na rota de uma progressão ilimitada em direção a um polo que "reside no infinito", fazer também para o *eidos* Homem o que as ciências matemáticas fizeram já para a Natureza, segundo a forma peculiar da racionalidade prática, imperativa e não apenas assertiva – eis o que se impõe para a ultrapassagem da "crise das ciências", crise que não resulta de um falhanço da racionalidade científica, mas do seu estreitamento e de uma compreensão unilateral sua, metodologicamente moldada sobre o *eidos* Natureza.

***

A série de cinco artigos sobre renovação foi motivada por um convite da revista japonesa *Kaizo*, feito através do seu representante T. Akita, em 8 de agosto de 1922. O convite endereçado a Husserl seguiu-se aos convites feitos a Bertrand Russell e Heinrich Rickert, e foi certamente motivado pelo fato de o pensamento de Husserl conhecer, na altura, grande divulgação entre os círculos filosóficos japoneses, suscitando mesmo a visita frequente de estudantes e docentes a Friburgo, onde assistiam às suas lições e seminários.

No outono e no inverno de 1922/1923, Husserl entregou-se à preparação da sua contribuição. O nome da revista, *Kaizo*, que significa precisamente *renovação*, deu-lhe oportunidade de recuperar de uma forma sistemática uma multiplicidade de reflexões sobre a Ética e a teoria da cultura que haviam sido despoletadas pelos acontecimentos traumáticos da Primeira Grande Guerra, colocando, nomeadamente, a problemática Ética sobre um novo enfoque relativamente às lições de Ética de 1908/1909. O projeto desde cedo se desdobrou em uma série de artigos. A 14 de dezembro de 1922, Husserl comunica a Roman Ingarden que escreve nesse momento "quatro artigos sobre problemas ético-sociais (renovação) para uma revista japonesa". Os três primeiros ficaram concluídos em janeiro de 1923, em versão impressa. É nessa data que Husserl os envia para o editor. O primeiro aparecerá no mesmo ano em edição bilíngue. Os segundo e terceiro artigos surgirão em 1924, apenas na tradução japonesa. Para todos eles, desconhece-se a identidade do tradutor.

Por força de discordâncias, entretanto, surgidas entre Husserl e o editor, os dois artigos remanescentes da série prevista por Husserl nunca chegaram a aparecer. Deles, existe apenas a versão manuscrita, sem clara indicação da ordem por que deveriam ser publicados, e o artigo que, na presente edição, surge em último lugar não está sequer terminado.

A conferência de Viena sobre "A Crise da Humanidade Europeia e a Filosofia" tem também uma gênese ocasional, apesar da extraordinária eficácia que o tema da crise das ciências terá na derradeira fase da atividade de Husserl. Em março de 1935, o *Kulturbund* vienense convida Husserl para proferir uma conferência. O convite é aceito, em pleno trabalho de preparação da contribuição para o Congresso de Praga, promovido pelo *Cercle Philosophique de Prague pour les Recherches sur l'Entendement Humain*. A 5 de maio, Husserl desloca-se para Viena, passando por Munique. No dia 7, pelas 20 horas, a conferência é dada na sala de conferências do *Österreichisches Museum*. Mais uma vez a Roman Ingarden, Husserl dirá que venceu a fadiga e que falou "com um sucesso inesperado". Por força dessa recepção, a conferência será repetida a 10 de maio.

A 19 de junho, Husserl confidencia a Dorion Cairns que trabalha na conferência dada em Viena, melhorando-a do ponto de vista literário, aprofundando-a e fundamentando-a "para leitores alemães". O resultado desta reelaboração permaneceu, porém, inédito. Deste cadinho havia de sair o que seria a derradeira, e para muitos decisiva, obra de Husserl, o seu verdadeiro testamento filosófico – *A Crise das Ciências Europeias e a Fenomenologia Transcendental*, aparecida em 1936.

***

A presente edição segue o texto publicado na coleção *Husserliana*. Assim, para os cinco artigos sobre Renovação, a tradução tem por base o volume XXVII, intitulado *Aufsätze und Vorträge (1922-1937)*, editado por Thomas Nennon e Hans Rainer Sepp, e publicado em Dordrecht pela Kluwer Academic Publishers, em 1989. Os artigos traduzidos ocupam, nessa edição, as páginas 3 a 94, sob o título geral *Fünf Aufsätze über Erneuerung*. A tradução da Conferência de Viena baseia-se no volume VI de *Husserliana*, intitulado *Die Krisis der europäischen Wissenschaften und die transzendentale Phänomenologie*, editado por Walter Biemel e publicado em Haia por Martinus Nijhoff, em 1962. A conferência figura, nessa edição, como um texto complementar, sob o título *Die Krisis des europäischen Menschentums und die Philosophie*, entre as páginas 314 e 348.

A tradução que ora se apresenta resultou da colaboração entre Pedro M. S. Alves e Carlos Aurélio Morujão. Da responsabilidade de Pedro M. S. Alves é a tradução dos quatro primeiros artigos sobre Renovação e da Conferência de Viena. Carlos A. Morujão traduziu o quinto artigo sobre Renovação.

Nesta edição portuguesa, mantém-se entre <> e a negrito as páginas da edição da *Husserliana*. As palavras que aparecem entre <> simples, sem negrito, são inserções dos editores da *Husserliana*, motivadas por faltas de partículas de ligação (principalmente conjunções) ou por ausência de títulos em algumas subdivisões do texto, lacunas que foi necessário colmatar. As notas dos tradutores estão assinaladas pela sigla [N.T.: Nota do Tradutor]. As anotações dos editores da *Husserliana* estão assinaladas pela sigla [Nota da Hua]. As notas do próprio Husserl estão assinaladas por (N.A.: Nota do Autor). Completa esta edição portuguesa um Glossário Alemão-Português, onde as principais opções terminológicas são expressamente indicadas.

Por fim, seja dito que o título deste volume, *A Europa sob o Signo da Crise e da Renovação*, é da responsabilidade do diretor desta coleção de Obras de Edmund Husserl.

Pedro M. S. Alves

CINCO ARTIGOS SOBRE RENOVAÇÃO

~ <XXVII, 3>

RENOVAÇÃO. SEU PROBLEMA E MÉTODO[1]

Renovação é o grito de chamada geral no nosso doloroso presente, e é-o no domínio de conjunto da cultura europeia. A guerra, que devastou a Europa desde o ano de 1914 e que, desde 1918, apenas preferiu, em vez dos meios de coação militares, os meios "mais refinados" das torturas da alma e das misérias econômicas moralmente depravantes, pôs a descoberto a íntima inverdade, a ausência de sentido desta cultura. Todavia, esta descoberta significa precisamente a obstrução da sua força impulsora mais própria. Uma nação, uma humanidade vive e cria na plenitude das forças quando é transportada por uma crença impulsionadora em si mesma e em um sentido belo e bom da sua vida de cultura; quando, por conseguinte, não simplesmente vive, mas antes vive ao encontro de uma grandeza que tem diante dos olhos e encontra satisfação no seu sucesso progressivo, pela realização de valores autênticos cada vez mais elevados. Ser um membro importante de uma tal humanidade, colaborar em uma tal cultura, contribuir para os seus valores exaltantes, é a ventura de todos aqueles que são excelentes, a qual os eleva acima das suas preocupações e infortúnios individuais.

Esta crença que nos elevou, a nós e a nossos pais, e que se transmitiu às nações que, como a japonesa, só nos tempos mais recentes se juntaram ao trabalho da cultura europeia, esta crença é o que perdemos, o que perderam círculos alargados do povo.

1 Primeiro artigo para a revista *Kaizo*. Aparecido inicialmente em *The Kaizo*, 1923, Caderno 3, p. 84-92 (texto original) e p. 68-83, tradução japonesa [Nota da Hua].

<4> Se ela já se tinha tornado vacilante antes da guerra, desmoronou-se agora completamente. Como homens livres, estamos perante este fato; ele deve determinar-nos do ponto de vista prático.

De acordo com isso, dizemos: *algo novo deve suceder*; deve suceder *em* nós e através de nós próprios, através de nós enquanto membros da humanidade vivendo neste mundo, dando-lhe forma através de nós e recebendo forma através dele. Será que deveremos aguardar para ver se esta cultura não sana a partir de si própria, no jogo de sorte entre as suas forças produtoras e destruidoras de valores? Deveremos promulgar a "decadência do Ocidente" como um *fatum* que se abate sobre nós? Este *fatum* só o *é*, porém, se o olharmos passivamente – se passivamente o pudermos olhar. Mas isso não o podem nem mesmo os que no-lo anunciam.

Somos homens, sujeitos de vontade livre, que engrenam ativamente no seu mundo circundante, que constante e conjuntamente o configuram. Quer queiramos quer não, mal ou bem, fazemos assim. Não poderemos também agir *racionalmente*, não estarão em nosso poder a racionalidade e a excelência?

Esses são objetivos quiméricos, objetarão certamente os pessimistas e os adeptos da "*Realpolitik*". Dar-se à vida individual uma forma racional é já um ideal inatingível para o indivíduo singular, como quereríamos nós empreender algo semelhante para a vida comunitária, nacional, para a humanidade ocidental no seu todo?

No entanto, que diríamos nós a um homem que, por causa da inacessibilidade do ideal ético, abandonasse os objetivos éticos e não assumisse como seu o combate ético? Sabemos que esse combate, tanto quanto seja sério e continuado, tem, em todas as circunstâncias, um significado criador de valores, que é mesmo ele que eleva, por si só, a personalidade combativa ao nível da verdadeira humanidade. Quem negará, além disso, a possibilidade de um progresso ético continuado sob a direção do ideal da razão?

Sem nos deixarmos desorientar por um pessimismo pusilânime e por um "realismo" sem ideais, não devemos tomar inconsideradamente como impossível precisamente o mesmo também para os "homens em ponto grande", para as comunidades mais alargadas e para as larguíssimas, e deveremos reconhecer como uma exigência ética absoluta uma semelhante disposição para o combate em direção a uma humanidade melhor e a uma autêntica cultura.

<5> Assim fala de antemão um sentimento natural que, manifestamente, se enraíza naquela analogia platônica entre o homem singular e a comunidade. Esta analogia não é de modo algum, porém, uma ideia plena de espírito ocorrendo nos filósofos que sobem muito além do pensamento natural, ou mesmo dele se perdem, mas nada mais é que a expressão de uma apercepção quotidiana que desponta, de modo natural, das atualidades da vida humana. Na sua naturalidade, ela mostra-se também como sempre determinante para, por exemplo, quase todos os casos de juízos políticos de valor, nacionais e mundiais, e como motivo para as correspondentes ações. Todavia, serão as apercepções naturais desse tipo, e as tomadas de posição emocionais que elas suportam, um fundamento suficiente para reformas racionais da comunidade, e justamente para a maior de todas as reformas, que deve renovar radicalmente e por inteiro uma cultura humana como a europeia? A crença que nos preenche – que à nossa cultura não é *consentido* dar-se por satisfeita, que ela pode e deve ser reformada através da razão e da vontade humanas – só pode, portanto, "mover montanhas" na realidade e não na simples fantasia quando se transpõe para pensamentos sóbrios racionalmente evidentes, quando estes levam a uma completa determinidade e clareza tanto a essência e a possibilidade do seu objetivo como o método para realizá-lo. Com isso cria ela, por vez primeira e para si mesma, o seu fundamento de justificação racional. Só esta clareza intelectual pode convidar a um trabalho jubiloso, pode dar à vontade a resolução e a força impositiva para a ação libertadora, só o seu conhecimento pode tornar-se um bem comum firme, de tal modo que, sob a atuação conjunta da miríade dos convencidos por uma tal racionalidade, as montanhas finalmente se movam, ou seja,

o movimento simplesmente emotivo da renovação se transmute no próprio processo de renovação.

Contudo, essa clareza não é, de modo nenhum, fácil de obter. Aquele pessimismo de que falamos e a impudência da sofística política, tão fatidicamente dominante no nosso tempo, que se serve da argumentação ético-social apenas como cobertura para os fins egoístas de um nacionalismo completamente degenerado, não seriam de modo algum possíveis se os conceitos de comunidade, naturalmente formados, não estivessem, pese embora a sua naturalidade, afetados por horizontes obscuros, por mediações enredadas e encobertas, cuja explanação clarificadora ultrapassa completamente a força do pensamento não exercitado. Apenas a Ciência Estrita pode, aqui, <**6**> criar métodos seguros e resultados firmes; apenas ela pode, por conseguinte, fornecer o trabalho teórico prévio de que uma reforma racional da cultura está dependente.

Todavia, encontramo-nos aqui em uma grave situação: pois a Ciência que nos deveria servir, procuramo-la nós em vão. Nisso, acontece-nos o mesmo que em toda a restante práxis da vida comunitária, a saber, quando preferimos fundar, de um modo seguro, os nossos juízos político-sociais, de política externa ou nacional, em um conhecimento de causa e procuramos retirar algum saber de um ensinamento científico que nos pudesse libertar, neste mundo pesado de consequências da vida comunitária, do estado primitivo da representação e da ação instintiva, tradicional e vaga. Ciências grandes e sérias sobreabundam na nossa época. Temos ciências "exatas" da natureza e, através delas, aquela tão admirada técnica da natureza que deu à civilização moderna a sua poderosa superioridade, mas que teve seguramente também, como consequência, danos muito lastimados. Seja como for, nesta esfera técnico-natural do agir humano, a Ciência torna possível uma verdadeira racionalidade prática, e fornece o ensinamento prefigurador do modo como a Ciência em geral se deve tornar a candeia da prática. Todavia, falta por completo a ciência racional do homem e da comunidade humana, que fundamentaria uma racionalidade na ação social e política, bem como uma técnica política racional.

Precisamente o mesmo vale também a respeito dos problemas da renovação, que tanto nos interessam. Caracterizado com mais precisão, falta-nos a ciência que tivesse empreendido a realização para a *ideia de homem* (e, com isso, também para o par de ideias *a priori* inseparáveis: homem singular e comunidade) daquilo que a matemática pura da natureza empreendeu para a *ideia de natureza* e que realizou já nos seus elementos capitais. Assim como esta última ideia - natureza em geral, enquanto forma genérica - abarca a *universitas* das ciências da natureza, também a ideia do ser espiritual - e especialmente do ser racional, do Homem - abarca a *universitas* de todas as ciências do espírito, e especialmente de todas as ciências humanas. Por um lado, na medida em que a matemática da natureza desenvolve, nas suas disciplinas apriorísticas acerca do tempo, espaço, movimento, forças motrizes, as necessidades apriorísticas que encerram, em tais componentes de essência, uma natureza em geral ("*natura formaliter spectata*"), <7> torna ela possível, na aplicação à faticidade da natureza dada, as ciências empíricas da natureza com métodos racionais, ou seja, matemáticos. Ela proporciona, por conseguinte, com os seus princípios *a priori*, a racionalização do empírico.

Por outro lado, temos, agora, muitas e frutuosas ciências referidas ao reino do espírito, correspondentemente, ao da humanidade, mas elas são ciências completamente empíricas e ciências "simplesmente" empíricas. A profusão colossal de fatos temporais, morfológicos, ordenados indutivamente ou sob pontos de vista práticos, permanece nelas sem qualquer vínculo de racionalidade *principial*. Falta, aqui, precisamente a ciência apriorística paralela, por assim dizer, a *mathesis do espírito e da humanidade*; falta o sistema cientificamente desenvolvido do racional puro, das verdades enraizando-se na "essência" do homem que, enquanto *lógos* puro do método, em um sentido semelhante introduziriam na empiria científico-espiritual a racionalidade teorética e também, em um sentido semelhante, tornariam possível a clarificação racional dos fatos empíricos, tal como a matemática pura da natureza tornou possível a ciência natural empírica, enquanto ciência matematicamente teorizadora e, com isso, enquanto ciência racionalmente explicativa.

É certo que, do lado do cientista do espírito, não se trata, tal como é o caso com a natureza, de simples "explicação" racional. Entra aqui em cena ainda um outro tipo inteiramente peculiar de racionalização do empírico: o *ajuizamento* normativo *segundo normas gerais*, que pertencem à essência apriorística da humanidade "racional", e a *direção* da própria práxis fatual de acordo com tais normas, às quais compertencem as próprias normas racionais da direção prática.

As situações de ambos os lados são, em geral, fundamentalmente diferentes, precisamente em virtude dos distintos tipos de essência das realidades naturais e espirituais – daí que as formas exigíveis para ambas as racionalizações do fatual estejam muito longe de ser do mesmo estilo. Será bom clarificar isto já de seguida, em um breve contraste, para que, nas nossas análises subsequentes da renovação, não sejamos obstruídos por preconceitos naturalistas e para que, ao mesmo tempo, tragamos para mais perto de nós, como dissemos antecipadamente, a especificidade metódica dessa Ciência que nos falta e à qual tais análises aspiram.

Natureza é, por essência, simples existência fatual e, com isso, **<8>** fato da simples experiência externa. Um exame principial da natureza em geral conduz, portanto, *a priori*, apenas a uma racionalidade das exterioridades, a saber, a leis de essência da forma espaço-temporal e, por sobre isso, apenas a uma necessidade de ordenação regular, *exata* e indutiva, daquilo que está espaço-temporalmente repartido – aquilo que nós costumamos designar, pura e simplesmente, como a ordem legal "causal".

Em contraste estão as formas totalmente diferentes do espiritual em sentido específico, as totalmente diferentes determinações generalíssimas de essência acerca das realidades singulares e das formas essenciais da ligação. Não considerando que a forma espaço-temporal tem, no reino do espírito (por exemplo, na História), um sentido essencialmente diferente do da natureza física, há aqui que indicar que cada realidade espiritual singular tem a sua interioridade, uma "vida de consciência" em si mesma fechada, referida a um "eu", enquanto polo que, por assim dizer, centraliza todos os atos de consciência singulares, pelo que estes atos estão numa conexão de "motivação".

Além disso, as realidades singulares separadas, correspondentemente, os seus sujeitos-eu, surgem uns para os outros em relações de mútua compreensão ("intropatia"); através de atos de consciência "sociais", instituem (imediata ou mediatamente) uma forma de tipo completamente novo de congregação de realidades: a forma da comunidade, espiritualmente unida por momentos internos, através de atos e de motivações intersubjetivos.

Ainda mais uma coisa importante: aos atos e às suas motivações correspondem as diferenças do racional e do irracional, do pensar, do valorar e do querer "corretos" e "incorretos".

Agora, certamente que podemos também considerar as realidades espirituais, de certo modo, sob relações de exterioridade (enquanto segunda natureza): podemos considerar a consciência como anexo externo das realidades físicas (dos respectivos corpos físicos); podemos considerar homens e animais como simples acontecimentos no espaço, "na" natureza. As regularidades indutivas que, então, deste modo se oferecem não são, porém – tal como é válido, por essência, para a natureza física –, indicações de leis exatas, de leis que determinem a "natureza" objetivamente verdadeira de tais realidades, isto é, que as determinem em uma verdade racional de acordo com o seu tipo de essência. Por outras palavras: aqui, onde a essência peculiar do espiritual se exprime na interioridade da vida de consciência, na senda aberta pela abordagem indutivo-causal, **<9>** não reside nenhuma explicação racional, e isso a partir de fundamentos *a priori* (de modo que é um contrassenso procurar uma coisa tal, ao modo da nossa Psicologia naturalista). Para uma efetiva racionalização do empírico exige-se (aqui inteiramente como no caso da natureza) precisamente um regresso às leis de essência que dão a medida, por conseguinte, um regresso ao específico do espírito, enquanto mundo das interioridades. Ora pertencem às formas da consciência, correspondentemente, da motivação, delineadas *a priori* na essência da espiritualidade humana, também as formas normativas da "razão" e, além disso, existe *a priori* a possibilidade de pensá-las livremente em geral e, de acordo com leis normativas apriorísticas autorreconhecidas, determinarmo-nos em geral para a prática. Em conformidade com isto, no reino do espírito humano não temos apenas, como pressupusemos acima, e diferentemente do caso da natureza, a chamada construção de juízos "teóricos" em sentido específico, a saber, de juízos dirigidos para "simples fatos da existência" (*matter of fact*). Em consequência, não temos diante de nós apenas as tarefas de racionalização destes fatos através das chamadas "teorias explicativas", de acordo com uma disciplina apriorística que investigue a essência do espírito de um modo puramente cousal. Pelo contrário, entra aqui em cena também um tipo completamente novo de ajuizamento e de racionalização de tudo o que é espiritual: o que procede segundo normas, correspondentemente, segundo disciplinas apriorísticas normativas da razão, da razão lógica, valorativa e prática. À razão que ajuíza segue, porém, *in praxi*, ou pode em liberdade seguir, um sujeito conhecendo a norma e, em consequência, agindo livremente. Em conformidade, na esfera espiritual surgem, de fato, ainda as tarefas de uma *direção* racional da práxis, por conseguinte, de um novo modo da possível racionalização de fatos espirituais a partir de fundamentos científicos, a saber, através de uma disciplina apriorística prévia a respeito das normas de direção prática da razão.

Se retornarmos, agora, outra vez ao nosso problema próprio, é então visível que as ciências humanas simplesmente empíricas já existentes (como as nossas ciências históricas da cultura ou até mesmo a Psicologia moderna simplesmente indutiva) não podem, de fato, oferecer para ele aquilo que, aspirando à renovação, nos faz falta; e que, efetivamente, só aquela ciência apriorística sobre a essência da espiritualidade humana - se existisse - nos poderia interessar enquanto coadjutora racional. Antes de tudo, estabelecemos firmemente que ciências de simples fatos estão eliminadas desde o início. <**10**> - Certamente que as nossas questões acerca da renovação se ligam a simples fatualidades, elas dizem respeito à cultura presente e, especialmente, ao círculo da cultura europeia. Contudo, os fatos são aqui ajuizados valorativamente, são submetidos a uma normalização da razão; pergunta-se como é que uma reforma desta vida de cultura desprovida de valor poderá conduzir ao caminho de uma *vida racional*. Toda e qualquer reflexão aprofundada reconduz, aqui, às questões *principiais* da razão prática, as quais dizem essencialmente respeito ao indivíduo, à comunidade e à sua vida racional em uma generalidade puramente formal, que deixa muito abaixo de si todas as fatualidades empíricas e todos os conceitos contingentes.

Bem pouco basta para fundamentar isso e, com isso, para tornar ao mesmo tempo visível que essa ciência da essência do homem em geral seria precisamente aquilo de que precisamos, enquanto coadjutor.

Se submetemos a nossa cultura - portanto, a nossa humanidade, que se cultiva a si mesma e ao seu mundo circundante - a um juízo de reprovação, então está implicado isso que cremos numa humanidade "boa" enquanto possibilidade ideal. No nosso juízo, está implicitamente contida a crença em uma humanidade "verdadeira e autêntica", enquanto ideia objetivamente válida, em cujo âmbito de sentido o objetivo das nossas aspirações de reforma deve ser reformar a cultura fática. As primeiras reflexões deveriam dirigir-se, portanto, para um esboço claro desta ideia. Se não andarmos pelo caminho fantasioso da utopia, se apontarmos, antes, para a sóbria verdade objetiva, então este esboço deve ter a forma de uma determinação de essência puramente conceptual, do mesmo modo que as possibilidades de realização da ideia devem, desde logo, ser *a priori* ponderadas, em rigor científico, como possibilidades puras de essência.

Que formas particulares, dirigidas pela norma, seriam, então, possíveis e necessárias no interior de uma humanidade conforme a esta ideia de uma *humanitas* autêntica, tanto para as pessoas singulares que a constituem enquanto membros da comunidade, como para os diversos tipos de associações, instituições comunitárias, atividades culturais etc. - tudo isto está contido em uma análise científica de essência da ideia de uma humanidade autêntica, ou racional, e conduz a múltiplas investigações particulares que se vão ramificando.

Já uma reflexão rápida torna claro que o inteiro tipo e os temas particulares das investigações necessárias para o nosso interesse estão, de fato, desde o início determinados pelas **<11>** estruturas genérico-formais que a nossa cultura teria em comum, por sobre todas as faticidades, com um número indefinidamente grande de outras culturas *idealiter* possíveis. Todos os conceitos em que embate, aqui, uma investigação que vai até às profundezas - portanto, uma investigação que rompe até ao que é da ordem dos princípios - são de uma generalidade apriorística formal, no bom sentido do termo. Assim o é conceito de homem em geral enquanto ser racional, o conceito de membro da comunidade, o da própria comunidade e não menos todos os conceitos particulares de comunidade, como Família, Povo, Estado etc. Do mesmo modo para os conceitos de cultura e de sistemas de cultura particulares: Ciência, Arte, Religião etc. (igualmente nas formas normativas: Ciência, Arte, Religião "verdadeiras", "autênticas").

O lugar originário e clássico de formação da investigação pura de essência e da correspondente abstração de essência (abstração de conceitos "puros", "apriorísticos") é a Matemática, mas este tipo de investigação e de método não está, de modo algum, limitado a ela. Por pouco familiar que nos possa ser o exercício desta abstração na esfera espiritual e a investigação do seu "*a priori*", das necessidades de essência do espírito e da razão, é, no entanto, possível fazer aqui coisas semelhantes; com muita frequência encontramo-nos já - apenas que não consciente e metodicamente – neste *a priori*. Pois sempre que nos envolvemos em reflexões *principiais*, o nosso olhar repousa inteiramente por si próprio apenas na forma pura. A abstração metódica e consciente do teor empírico dos respectivos conceitos, a sua configuração consciente em conceitos "puros", poderá não se efetuar; mas este teor não desempenha nenhum papel de comotivação para o nosso pensamento. Se pensarmos na comunidade em geral, no Estado, no povo em geral, do mesmo modo que no homem, no cidadão e em coisas semelhantes, e se pensarmos ainda no que, nesta generalidade, pertence à "autenticidade", ao racional – todas as diferenças empíricas e fáticas da corporalidade e da espiritualidade, das circunstâncias concretas, terrenas, da vida, e coisas semelhantes, estarão, então, manifestamente "indeterminadas" e serão "variáveis livres", tal como as notas características concretas e os eventuais vínculos empíricos das unidades ou das grandezas o serão na consideração ideal do aritmético ou do algebrista. Se o homem tem empiricamente órgãos de percepção construídos assim ou de outra maneira, olhos, ouvidos etc., se tem dois ou *x* olhos, se tem estes ou aqueles órgãos de locomoção, se tem pernas ou asas, e coisas semelhantes, tudo isto está totalmente fora de questão e fica indeterminadamente aberto em reflexões principiais como, por exemplo, as da pura razão. Apenas certas *formas* da **<12>** corporalidade e da espiritualidade anímica são pressupostas e são tidas em mira; expô-las como necessárias *a priori* e fixá-las conceitualmente é coisa que compete à investigação científica de essência conscientemente efetuada. Isto é válido para o inteiro sistema conceitual, que se ramifica multiplamente e que atravessa todo o pensamento científico-espiritual enquanto ossatura formal, e especialmente, portanto, para aquelas investigações de estilo normativo que estão para nós em questão.

Agora, se uma ciência apriorística das formas e das leis de essência e, coisa que aqui sobretudo nos interessa, da espiritualidade racional não foi ainda levada a um desenvolvimento sistemático, e se não podemos ir beber aos tesouros de conhecimentos já à nossa disposição para dar à nossa aspiração de renovação uma base racional – que deveremos então fazer? Deveremos de novo proceder como na práxis política, por exemplo, quando nos preparamos para votar enquanto cidadãos? Deveremos nós, por conseguinte, julgar apenas por instinto e palpite, por suposições superficiais? Coisas semelhantes podem ser perfeitamente justificáveis quando a hora exige a decisão e quando, com ela, a ação se consuma. No nosso caso, porém, onde vale o cuidado pelo temporalmente infinito e pelo eterno no tempo – o futuro da humanidade, o devir verdadeira humanidade, de que nós mesmos nos sentimos responsáveis –, e para nós que, educados pela Ciência, sabemos também que apenas a Ciência pode fundamentar decisões racionais definitivamente válidas e que apenas ela pode ser a autoridade que as faça finalmente prevalecer – para nós, não pode haver qualquer dúvida acerca daquilo que nos obriga. O que importa é procurar ativamente os caminhos científicos, que infelizmente nenhuma ciência antecedente preparou, e começar seriamente com as reflexões metódicas e problemáticas prévias, com as linhas de pensamentos preparatórios de todo tipo, que se revelem como primeiras exigências.

Neste sentido, as considerações até aqui desenvolvidas são já reflexões prévias preparatórias de uma tal ciência e, segundo o esperamos, não destituídas de utilidade. Não destituídas de utilidade, antes de tudo, porque nos mostraram, sob a perspectiva metódica, que só um tipo de consideração, que se pode apresentar como *consideração da essência*, pode ser efetivamente frutuoso, e que apenas *ele* pode abrir o caminho para uma ciência racional não somente da humanidade em geral, mas também da sua "renovação". Mas ao se tornar claro que algo como uma "renovação" pertence ainda, por uma necessidade de essência, ao desenvolvimento do **<13>** homem e da humanidade em direção a uma humanidade verdadeira, resulta que a fundamentação desta ciência seria o pressuposto necessário para uma efetiva renovação, e mesmo um primeiro começo da sua entrada em cena. Contudo, o que podemos fazer agora e em primeiro lugar será apenas a sua preparação.

No próximo artigo, queremos arriscar a tentativa de, aproximando-nos da ideia de humanidade autêntica e de renovação, prosseguir uma série de linhas de pensamento principiais que, consumadas de um modo plenamente consciente na atitude direcionada para a essência, hão-de mostrar de um modo determinado como pensamos os começos – começos tateantes – das investigações culturais da esfera normativa – ético-social – na sua sobriedade científica e, com isso, apriorística. Na nossa situação científica, o interesse deve estar, antes de tudo, dirigido para a *problemática* e para o *método.*

O MÉTODO DE INVESTIGAÇÃO DA ESSÊNCIA[2]

Por investigação da essência entendemos o exercício puro e consequente do método de visão das essências, já introduzido na Ciência por Platão e Aristóteles, e o conhecimento predicativo das ideias, que também se chama conhecimento apriorístico. Acerca disto, estamos muito longe de assumir como nossa qualquer uma das interpretações filosóficas (sejam platônicas ou pós-platônicas) e, por conseguinte, de nos sobrecarregarmos com qualquer uma herança metafísica a que os conceitos de "ideia" e de *a priori* estão historicamente ligados. Na prática, qualquer um conhece o *a priori* a partir da Matemática pura. Qualquer um conhece – e aprova – o modo matemático de pensar, antes das subsequentes interpretações metafísicas ou empiristas, que em nada afetam a essência peculiar deste tipo metódico.

2 Segundo artigo para a revista *Kaizo.* Aparecido inicialmente (apenas em língua japonesa) em *The Kaizo*, Caderno 4, p. 107-116, 1924 [Nota da Hua].

Orientamos por ele o nosso conceito de *a priori*. Dito de um modo completamente geral, *toda e qualquer* efetividade experienciada e, do mesmo modo, toda e qualquer efetividade fingida na livre fantasia, em uma palavra, <**14**> relativamente a todo o "empírico", podemos tratá-lo do mesmo modo (e, com isso, ascender da mesma maneira ao seu *a priori*) que o matemático "puro" faz a respeito de todos os corpos empíricos, formas espaciais, grandezas temporais, movimentos etc., de que se serve durante a sua atividade de pensamento. Especialmente no caso em que o matemático produz "originariamente" os seus pensamentos, desde logo, os seus conceitos elementares – que são o protomaterial para toda a sua construção de conceitos –, ou seja, no caso em que ele "torna claros" estes conceitos, isto é, regressa da compreensão vazia das palavras até os conceitos autênticos e "originários". Em tudo isto – e tal designa um caráter fundamental de todo o pensamento "apriorístico" –, o matemático abstém-se, de modo principial, de qualquer juízo acerca da efetividade real. Certamente que as efetividades da experiência lhe podem servir, mas elas não lhe servem e não valem para ele *enquanto* efetividades. Elas valem para ele apenas como um exemplo qualquer, a modificar do modo que se quiser na livre fantasia, coisa para a qual as efetividades da fantasia também poderiam servir de igual modo, e servem, por regra, frequentemente. A esfera temática do pensamento matemático puro não é, precisamente, a natureza efetiva, mas antes uma natureza possível em geral, e isto significa uma natureza que deve poder ser, em geral, representável em um sentido concordante. A liberdade da Matemática é a liberdade da fantasia pura e do pensamento puro na fantasia. A submissão rígida a leis por parte da Matemática não é mais que a submissão a leis de um tal pensamento na fantasia: a saber, na medida em que a fantasia matemática, em todas as suas configurações arbitrariamente fingidas, a si mesma se obriga, por meio de uma vontade consequente, a conservar subsequentemente em sentido idêntico o que foi no início posto como efetividade fingida.

Para expô-la com mais algum detalhe, o significado dessa autonormação do *pensamento* puro da fantasia é o seguinte: exercer o pensamento matemático (e, assim, o pensamento apriorístico em geral) não é entregar-se, por jogo, à miscelânea caleidoscópica de ideias desconexas, mas antes produzir configurações na fantasia, *pô-las* como efetividades possíveis e mantê-las daí em diante como idênticas. Isso implica o seguinte: para tudo o que foi posto de início na fantasia, permitir apenas aquelas direções da variação arbitrária na fantasia que possam ser representáveis e reconhecíveis, de modo concordante, como a *mesma* efetividade possível e como compatível com todas as outras posições. Neste sentido, o matemático não trata de espaços, de corpos, de superfícies etc., efetivos, como os da **<15>** efetividade natural fática, mas, sim, de espaços, corpos, superfícies representáveis em geral e, com isso, pensáveis de modo concordante, "*idealiter* possíveis". Um tal pensamento puro na fantasia não depende, porém, das possibilidades singulares contingentes que tenham chegado, na fantasia, à configuração correspondente, mas, por meio delas, eleva-se o matemático até o pensamento geral da essência e, originariamente, à *intuição* geral de essência das "ideias" ou "essências" puras e das suas "leis de essência". A partir daí, progride o matemático até proposições consecutivas mediatas, a provar por dedução intuitiva, e abre-se assim o reino infinito da teoria matemática. Os conceitos fundamentais que o matemático originariamente produz na intuição geral são generalidades puras, diretamente extraídas na intuição das singularidades fantasiadas, generalidades que, com base na livre variação de tais singularidades, se destacam como o sentido geral idêntico que as atravessa e que nelas se singulariza (eis a *methexis* platônica na sua intuição originária).

É assim que, por exemplo, a possibilidade pura de um corpo singular, que uma fantasia clara e concordante nos põe diante dos olhos, produz ao mesmo tempo, através da *variação livre* – e, decerto, *na consciência do caráter arbitrariamente prosseguível* de tal variação –, a *consciên-*

cia originária *de uma infinitude aberta* de corpos possíveis. No percorrer sinótico da infinitude aberta de variações, o *idêntico*, conservado em tal variação, sobressai na evidência *enquanto idêntico que a atravessa*, enquanto sua "essência geral", sua "ideia". Ou, o que é o mesmo, daí resulta o seu *"conceito puro"* comum, visto intuitivamente, o conceito de um corpo em geral, que está, por conseguinte, referido a esta infinitude de possibilidades ideais singulares como à sua *"extensão"*.

A Matemática opera com conceitos desse modo originariamente criados, produz as *leis de essência* imediatas (os chamados axiomas) enquanto verdades "necessárias e gerais em sentido estrito", "acerca das quais nenhuma excepção é permitida enquanto possível" (Kant). Ela as vê como estados-de-essência gerais, que se podem produzir em identidade absoluta para todas as singularizações pensáveis dos seus conceitos puros – para todas as infinitudes de variação fixamente delimitadas ou para as suas "extensões" apriorísticas – e que são, *enquanto* tais, reconhecíveis com evidência. A partir deles, produz ela mais ainda, numa intuição dedutiva (a "evidência" apriorística, a consequência necessária), as suas teorias e "teoremas" derivados, de novo como identidades ideais visíveis em qualquer **<16>** repetição que os produza.

Fica aqui estritamente inibida toda e qualquer coposição de efetividades experienciadas – como as que estão contidas em todos os conceitos empíricos, por exemplo, os conceitos da história natural, como leão, lagarto, violeta etc., e, com isso, também as proposições gerais empíricas. Neste sentido, aquilo que o pensamento matemático estabelece é completamente *a priori* perante toda a empiria. Contudo, qualquer coisa que seja pensável como singularização dos seus conceitos "puros", portanto, que deva poder manter a identidade do ser possível, cai debaixo das correspondentes leis "puramente conceituais" ou de "essência".

A aplicação à efetividade fática baseia-se em que toda e qualquer efetividade alberga em si, de modo evidente, possibilidades puras. Toda e qualquer efetividade se deixa, por assim dizer, transportar para a fantasia, com todos os seus teores de determinação constitutivos, precisamente por meio da exclusão (da livre abstenção) de todas as posições de efetividade. A efetividade devém, então, um caso de possibilidade pura, ao lado de inumeráveis outras possibilidades com iguais direitos. De acordo com isso, toda e qualquer efetividade, dada através da experiência e ajuizada através do pensamento de experiência, está, no que respeita à correção de tais juízos, sob a lei incondicionada de ter de corresponder, antes de tudo, às "condições da experiência possível" apriorísticas e do pensamento possível de experiência, ou seja, às condições da sua possibilidade pura, da sua representabilidade e posicionalidade enquanto objetividade com um sentido idêntico concordante. Estas condições apriorísticas exprime-as, para a natureza (a efetividade da experiência física), a Matemática da natureza, com todas as suas proposições – ela exprime-as *a priori*, isto é, sem que fale "da" natureza enquanto fato. A referência aos fatos é coisa de aplicação, uma aplicação de cada vez *a priori* possível e compreensível de modo evidente nesta possibilidade.

Agora há que dizer em geral o seguinte: ajuizar as efetividades segundo as leis da sua possibilidade pura, ou ajuizá-las segundo "leis de essência", segundo leis apriorísticas, é uma tarefa *universal*, referindo-se a efetividades de todo o tipo, e uma tarefa inteiramente necessária. *Toda e qualquer efetividade* tem a sua "essência" enquanto seu teor racional, toda e qualquer uma torna possível e exige o seu conhecimento racional ("exato"). Isto é assim, porém, na medida em que a sua essência pura se ordena a uma ciência de essências em um reino fechado de racionalidade pura (um reino de verdades de essência que se compertencem coisalmente), <17> e na medida em que, em segundo lugar, a aplicação desta ciência de essências torna, agora, também possível um conhecimento teorético racional da efetividade dada e do inteiro domínio de efetividades a que ela pertence. Só assim pode o conhecimento científico da efetividade empírica ser "exato", só assim se torna partícipe da autêntica racionalidade, porquanto retrorrefira esta efetividade à sua possibilidade de essência – por conseguinte, através da aplicação da correspondente ciência de essências.

Autêntica racionalidade, enquanto conhecimento a partir de "princípios", é, precisamente, conhecimento a partir de leis de essência, é conhecimento de efetividades a partir das leis da sua pura possibilidade – como o podemos aprender pelo protótipo da ciência exata da natureza, que se baseia na aplicação da Matemática pura. Porque o que pusemos aqui a claro, a propósito do pensamento matemático e da ciência matemática da natureza, é válido, em geral, para qualquer esfera de objetos. A cada uma pertence um pensamento apriorístico possível e, em conformidade, uma ciência apriorística e uma igual função de aplicação dessa ciência – porquanto demos por todo lado ao *a priori* o mesmo sentido sóbrio, só ele significativo. Não existe o menor fundamento para considerar a metódica do pensamento apriorístico – tal como a mostramos, nos seus traços gerais de essência, a propósito do pensamento matemático – como uma peculiaridade exclusiva do domínio matemático. A própria assunção de uma tal limitação seria já um direto contrassenso, tendo em vista as relações gerais de essência entre efetividade e possibilidade, entre experiência e fantasia pura. Para cada efetividade concreta, bem como para cada traço singular nela efetivamente experienciado e experienciável, está aberto o caminho que leva ao reino da possibilidade ideal ou pura e, com isso, ao reino do pensamento apriorístico. Segundo o que é generalíssimo, o método (no essencial, socrático-platônico) de configuração é por todo lado o mesmo, tanto a respeito das possibilidades singulares puras como a respeito das "extensões" infinitas destas possibilidades, que passam umas nas outras na transformação variante; e, então, também é naturalmente a mesma a formação originariamente intuitiva das correspondentes generalidades puras de essência, das "ideias" (essências, conceitos puros) e das leis de essência.

É certamente de esperar – portanto, também não de desatender – que, em função dos pontos de partida, em função das ideias que aí despontam, e sob o ponto de vista dos <18> domínios apriorísticos que resultam das conexões de essência, também a metódica especial e o inteiro tipo de teorias apriorísticas possam e devam acabar por ser muito diferentes.

Ciências apriorísticas – ao menos possíveis e, por conseguinte, para pôr em obra – não há apenas, por conseguinte, acerca da natureza e das suas formas de essência peculiares, mas também do espírito pessoal, do individual e do social, e, no quadro da natureza, não há apenas acerca das simples coisas físicas, mas também dos organismos e das realidades psicofísicas "bilaterais"; e não há apenas de tudo isto, mas também dos objetos culturais, dos valores culturais de cada categoria, que há que edificar de forma pura.

Com isso, não queremos desatender o fato de, acerca da matemática específica da natureza (Geometria pura, doutrina pura do tempo, doutrina pura do movimento etc.) que tivemos acima em vista de um modo preferencial, haver que distinguir uma Matemática puramente formal (Análise, Doutrina das Multiplicidades etc.) que, apesar da sua constante aplicação às ciências da natureza, não pertence, porém, especificamente à natureza, mas, tomada universalmente enquanto "ontologia formal",[3] pertence de igual modo – e, portanto, *simultaneamente* – a todos os objetos e domínios objetuais possíveis em geral. Do mesmo modo, reparamos em outras disciplinas formais apriorísticas em sentido semelhante – como a Lógica Formal das proposições, a doutrina apriorística das formas das significações[4] (Gramática pura), a teoria geral da razão, de que existem historicamente projetos ou primeiros esboços –, que aguardam ainda um tratamento novo, sistemático, plenamente consciente do sentido peculiar do método apriorístico. Em todo caso, é chegado finalmente o tempo de lançar por terra os velhos preconceitos e de atacar a tarefa, grande e altamente necessária, da fundamentação de *todas* as ciências aprioristi-

3 **N.A.:** Cf. As minhas *Investigações Lógicas*, I, §§ 65-72.
4 **N.A.:** Cf., *loco citato*, II, 1, IVª Investigação.

cas e de, assim, dar ao mesmo tempo satisfação à plena e autêntica ideia de *mathesis universalis* (que ultrapassa em muito a ideia leibniziana). De fato, que todas as disciplinas apriorísticas possíveis formem uma *universitas* interconectada na pluralidade de uma íntima unidade, que elas, em uma ciência apriorística protofontanal, ponham em interconexão toda a consciência e ser possíveis – em uma "Fenomenologia transcendental",[5] <**19**> de que elas devem ser tratadas, por uma necessidade de essência, como ramificações –, não é aqui o lugar para mostrá-lo.

Se, por exemplo, procedermos segundo o método apriorístico acima descrito, a respeito do *homem*, a passagem da empiria para o reino das puras possibilidades dá como resultado, enquanto unidade principial *suprema*, a ideia pura de um ser animal em geral, anímico-corporal. Esta ideia suprema desponta enquanto tal através de livre variação de *todos* os momentos passíveis de variação nos homens individuais, que funcionam como exemplos. A pura diferenciação desta ideia – obviamente, não no pensamento verbal vazio, mas antes, intuitivamente, no pensamento consumado na ligação à correspondente variação – dá como resultado, como uma espécie particular e de novo pura, a ideia (não o "ideal"!) do Homem e, em contraposição a ela, enquanto ideia correlativa, a do "simples" Animal. Se diferenciarmos, de seguida, o homem, por exemplo, segundo as formas típicas da sua vida pessoal possível, se formarmos a ideia da vida de vocação e dos seus tipos possíveis, e coisas semelhantes, então isto são exemplos de sempre novas diferenciações apriorísticas. Trata-se, com isso, de diferenciações inteiramente análogas às da ideia de figura em geral em figura fechada e, de seguida, ainda em figura retilínea, triângulo etc. Exigem-se investigações próprias de grande envergadura (que faltam completamente na literatura) para sujeitar sistemática e intuitivamente o teor exato de essência da ideia do "*animal*", com a corporalidade e a

---

5 **N.A.:** Cf. As minhas *Ideias para uma Fenomenologia Pura e uma Filosofia Fenomenológica*. Halle, 1913.

"alma" que por essência lhe pertencem, à determinação de essência segundo os conceitos e leis elementares; e, de seguida, mais especialmente, para fazer isto mesmo para o notável – para o tão mais copioso nas suas diferenciações subsequentes – teor de essência "Homem", com as suas correspondentes ideias de razão (correlativamente, "irrazão").

No primeiro talhe de uma investigação de essência de um domínio qualquer, por exemplo, o da Humanidade, funciona naturalmente como pensamento diretor uma ideia pura, totalmente geral, mas ainda indiferenciada, por exemplo, a ideia de Homem. Não é de negar que só no caso em que o nosso procedimento vá beber efetivamente às profundezas da intuição da essência – e não fique suspenso de pensamentos verbais vazios – poder-se-á adquirir conhecimentos intelectivos de essência, mesmo sem que as análises elementares tateantes tenham progredido da ideia suprema, em si indiferenciada, até uma mostração intuitiva das ideias elementares últimas. Visto com mais precisão, até hoje, nem sequer a Matemática <**20**> conseguiu isto plenamente: daí a querela acerca dos seus fundamentos últimos e a cruz dos "paradoxos".

Todavia, essa indicação pode servir precisamente para fazer despertar a convicção – cuja fundamentação aprofundada nos levaria aqui demasiado longe – de que todos os conhecimentos que não são hauridos nas fontes últimas e originárias da mais perfeita intuição (a da subjetividade fenomenologicamente pura) não alcançam o rigor e a cientificidade últimos. Todas as evidências ainda afetadas, por assim dizer, de restos de pressentimentos vagos, de antecipações não aclaradas, têm um valor de conhecimento apenas intermediário, ainda necessitado de clarificação e determinação últimas. Um conhecimento pode bem ser completamente *a priori*, pode ser também correto "no essencial", e ser, porém, relativamente imperfeito – por mais que ele signifique, por outro lado, um progresso pujante perante a empiria ainda carecida de princípios.

Nessa conformidade, os nossos ensaios sobre "a renovação como problema ético-individual e ético-social", que se seguirão nesta revista, tentarão - a uma altura intermédia, por assim dizer, que é a única possível no nosso tempo - submeter a ideia pura do homem ético a uma investigação de essência e fazer o trabalho preparatório para uma ética principial.

RENOVAÇÃO COMO PROBLEMA ÉTICO-INDIVIDUAL[6]

I. FORMAS DE VIDA DA AUTORREGULAÇÃO ENQUANTO FORMAS PRÉVIAS DA VIDA ÉTICA. INTRODUÇÃO AO TEMA

Renovação do homem, do homem singular e de uma humanidade comunalizada - eis o tema supremo de toda a Ética. A vida ética é, segundo a sua essência, uma vida que está conscientemente sob a ideia de renovação, uma vida voluntariamente guiada e enformada por esta ideia. A *Ética pura* é a ciência da essência e das formas possíveis de uma tal vida, na generalidade pura (apriorística). A Ética *empírico-humana* quer, de seguida, adaptar ao empírico as normas da Ética pura, ela quer tornar-se a <**21**> condutora do homem terreno sob condições dadas (individuais, históricas, nacionais e outras). Sob o nome de "Ética" não se deve, porém, pensar na simples Moral, que regula o comportamento prático "bom", "racional", do homem em relação ao seu semelhante sob ideias de amor ao próximo. A Filosofia Moral é apenas uma parte completamente dependente da Ética, a qual deve ser necessariamente tomada como a ciência da completa vida ativa de uma subjetividade racional sob o ponto de vista da razão, que unitariamente regula esta vida no seu conjunto. Para todas as esferas particulares de ação possível que podemos conside-

6 Terceiro artigo para a revista *Kaizo*. Aparecido inicialmente (apenas em língua japonesa) em *The Kaizo*, Caderno 2, p. 2-31, 1924 [Nota da Hua].

rar sob este ponto de vista normativo – seja mesmo, por exemplo, a ação que designamos como pensamento cognitivo –, aí terá também a Ética o seu campo temático. Mesmo o nome "razão" deve, por conseguinte, ser tomado de um modo completamente geral, de tal maneira que Ética e ciência da razão prática se tornem conceitos equivalentes.

Ora, além disso, a Ética não é simples ética individual, mas também *ética social.* Não está já dado algo definitivo com o fato de o comportamento prático do homem singular para com os seus semelhantes, ou seja, para com os seus companheiros na unidade da comunidade, ser submetido a uma investigação ético-individual. Há, também, necessariamente, uma ética da comunidade *enquanto* comunidade. Em particular, daquelas comunidades universais que denominamos "*humanidade*" – uma nação ou uma humanidade coletiva, abarcando várias nações. Faz parte disto, por exemplo, a humanidade "europeia" ou "ocidental". Uma humanidade estende-se tanto quanto se estenda a unidade de uma cultura; no ponto mais alto, estende-se até uma cultura universal independente e fechada sobre si própria, que pode conter em si muitas culturas nacionais singulares. Em uma cultura, objetiva-se precisamente uma unidade de vida ativa, cujo sujeito coletivo é a respectiva humanidade. Por *cultura* não entendemos outra coisa senão o conjunto das realizações que se efetivam nas atividades consecutivas do homem comunalizado, que têm uma existência espiritual permanente na unidade da consciência comunalizada e da sua tradição persistente. Com base na corporização física, com base na expressão exteriorizante do seu criador original, essas realizações são experienciadas no seu sentido espiritual por qualquer um que esteja apto a efetuar um ato de recompreensão. Nos tempos posteriores, elas podem sempre de novo tornar-se centros de irradiação de influxos espirituais para **<22>** gerações sempre novas, no quadro da continuidade histórica. Precisamente neste quadro, tudo o que o título "cultura" abrange tem o seu tipo essencial peculiar de existência objetiva e funciona, por outro lado, como uma constante fonte de comunalização.

A comunidade é uma subjetividade pessoal, uma subjetividade pluricéfala, por assim dizer, mas conectada. As suas pessoas singulares são os seus "membros", funcionalmente entrelaçados uns com os outros através de "atos sociais" pluriformes, que unem espiritualmente pessoa com pessoa (atos eu-tu como ordens, acordos, atividades amorosas etc.). Por vezes, uma comunidade funciona pluricefalamente, mas, no entanto, em um sentido mais alto, "acefalamente", a saber, sem que se concentre na unidade de uma subjetividade volitiva e aja analogamente a um sujeito singular. Ela *pode*, porém, assumir também esta forma mais alta de vida, tornar-se uma "*personalidade de grau superior*" e consumar, enquanto tal, prestações coletivas, que não são apenas somas das prestações das pessoas singulares, mas antes, em sentido verdadeiro, prestações pessoais da comunidade enquanto tal, realizadas pelo *seu* esforço e pela *sua* vontade. Consequentemente, *pode* também a vida ativa de uma comunidade, do todo de uma humanidade - mesmo que tal não tenha ocorrido em qualquer realidade histórica efetiva –, assumir a figura unitária da razão prática, a de uma vida "ética". Isto, porém, compreendido por analogia efetiva com a vida ética singular. Tal como no caso desta, seria, portanto, uma vida de "renovação", nascida da própria vontade de se dar a forma de uma humanidade autêntica, no sentido da razão prática, de dar à sua cultura a forma de uma cultura "autenticamente humana". Uma humanidade pode e deve ser efetivamente considerada como um "homem em ponto grande" e, assim, pode e deve ser pensada ético-comunitariamente, como *eventualmente* se autodeterminando e, por isso, também como *devendo* determinar-se eticamente. Esta ideia deve, porém, ser esclarecida quanto à sua possibilidade principial, ser tornada intelectivamente constrangedora e tornar-se determinante do ponto de vista prático, depois de investigadas as possibilidades de essência e as necessidades normativas nela contidas – isto, naturalmente, para a comunidade enquanto comunidade, portanto, para os membros da comunidade *porquanto* sejam portadores e funcionários da vontade comunitária.

Fica com isso caracterizada, nos seus traços capitais, a *meta final* das investigações gerais subsequentes – renovação enquanto problema ético-social fundamental.

<23> Entretanto, a relação de essência da renovação ético-social com a renovação *ético-individual* exige um tratamento prévio de fundo deste problema fundamental da ética individual: a ele se dedicará o presente estudo. O nosso método deve, segundo o meu artigo precedente, "Problema e Método da Renovação", ser o método "*apriorístico*", o método da "*investigação da essência*". Para a sua caracterização mais precisa, remeto para o meu ensaio "O Método de Investigação da Essência".[7]

A. O homem como ser pessoal e livre

De acordo com o nosso propósito particular, devemos dirigir o olhar para determinados traços de essência do homem em geral. Queremos, nomeadamente, tentar construir, no interior desta ideia, certas particularizações diferenciadoras das formas do ser e da vida humana, as quais se perfazem na ideia do homem ético. É nelas que será esclarecida, na sua motivação de essência, a peculiar forma de devir da autorrenovação, da autoformação em direção ao "homem novo".

Como ponto de partida, tomamos a capacidade, que pertence à essência do homem, de autoconsciência, no sentido pleno do autoexame (*inspectio sui*), e a capacidade, nela fundada, de tomar posição retrorreferindo-se reflexivamente à sua vida e, correspondentemente, aos atos pessoais: o autoconhecimento, a autovaloração e a autodeterminação prática (o querer próprio e a autoformação). Na autovaloração, o homem a si próprio se ajuíza enquanto bom ou mau, enquanto valioso ou sem valor. Ele valora, com isso, os seus atos, os seus motivos, os meios e fins, até

7 **N.T.:** *The Kaizo*, Caderno 4, p. 107-116, 1924. Ver p. **<13-20>**.

chegar a seus fins últimos. Não valora apenas seus atos, motivos e metas efetivos, mas também seus atos, motivos e metas possíveis, em um conspecto do domínio de conjunto das suas possibilidades práticas: por fim, valora também o seu próprio "caráter" prático e as suas propriedades particulares de caráter, toda a espécie de disposições, aptidões, habilidades, na medida em que determinam o tipo e a direção da sua práxis possível, precedam elas, de resto, toda e qualquer atividade, enquanto hábitos anímicos originários, ou tenham elas próprias nascido através do exercício ou, eventualmente, **<24>** do treino de atos.

Atentemos, ainda, na índole peculiar dos *atos especificamente pessoais.* Em vez de estar abandonado passiva e não livremente aos seus impulsos (tendências, afetos) e, assim, em um sentido alargado, *ser movido afetivamente*, o homem tem também a peculiaridade essencial de *"agir"* a partir de si, a partir do seu eu-centro, de um modo *livremente ativo*, de experienciar uma atividade autenticamente "pessoal" ou "livre" (por exemplo, observando), de pensar, valorar e intervir no mundo circundante de que faz experiência. Com isto se diz que ele tem a capacidade de "obstar" aos efeitos do seu fazer passivo (o ser conscientemente impulsionado) e aos pressupostos que passivamente o motivam (tendências, opiniões), de pô-los em questão, de realizar as ponderações correspondentes e de chegar a uma decisão voluntária somente com base no conhecimento, que daí resulta, a respeito da situação existente, das possibilidades que são, em geral, nela realizáveis e dos seus valores relativos. Só em tal decisão é o sujeito um "sujeito voluntário" em sentido pleno, ele já não segue "involuntariamente" a tração afetiva (a "tendência"), mas chega antes à *sua* decisão a partir de si, "livremente", e, quando a realização é voluntária, baseada em um tal querer autêntico, ele é sujeito "agente", ator pessoal da sua ação. O homem pode também permitir que esta liberdade impere precisamente a respeito dos seus atos livres, por conseguinte, a um nível superior, pode, outra vez (portanto, também a respeito destas tomadas de posição livres), inibi-los, pô-los outra vez criticamente em questão, sopesar e decidir; a respeito de decisões volitivas já tomadas, pode reconhecê-las em afirmações volitivas ou rejeitá-las em negações volitivas; e do mesmo modo a respeito de ações já realizadas. O acontecer realizador não pode, certamente, ser regressivamente desfeito. Mas o eu pode submeter à crítica volitiva posterior a vontade ativa, cuja validade perdura naturalmente na sua vida ulterior; pode, segundo o caso, confirmá-la na sua validade duradoura ou recusar-lhe esta validade prática em um "não" volitivo. Como sujeito voluntário, ele valora-se, em consequência, como um sujeito voluntário e agente, que é justo ou injusto.

As ponderações críticas podem ser *singulares* e *gerais.* Porque pertence à essência do homem que ele não exerça apenas uma atividade de representar, de pensar, de valorar e de querer singulares, mas que possa consumar todos esses atos também sob a forma do *em geral*, na forma da generalidade "particular" ou "geral". O "simples animal" pode bem, por exemplo, sob certas circunstâncias, <**25**> atuar sempre da mesma maneira, mas ele não tem uma *vontade na forma da generalidade.* Ele não conhece aquilo que o homem expressa nestas palavras: "eu quero *em geral* agir assim, sempre que me encontro em circunstâncias *deste tipo*, porque, para mim, bens *deste tipo* são *em geral* valiosos".

Compreensivelmente, não se fala aqui de propriedades empíricas dos homens e dos animais, mas antes de diferenciações de essência, de distinções *a priori* de formas de atos e de capacidades possíveis, para homens e animais possíveis *a priori.*

À essência da vida humana pertence, ademais, que ela se desenrole continuadamente sob a forma do esforço; e, por fim, ela toma constantemente, com isso, a forma do esforço *positivo*, e está dirigida, portanto, para a consecução de *valores positivos.* Porque todo esforço negativo, a saber, o esforço para se afastar de um desvalor (por exemplo, a dor "sensível"), é apenas um ponto de passagem para o esforço positivo. A ausência de dor, em que o esforço de afastamento se relaxa – do mesmo modo que a ausência de prazer, no caso do derradeiro relaxamento do esforço para o prazer, quando se desfrutou "até a saciedade" do valor gozado –, motiva, no mesmo instante, novos esforços positivos, dirigidos para o enchimento com valores positivos do vazio, entretanto, surgido.

O esforço positivo, que encontra sempre uma nova motivação, conduz, de modo cambiante, a satisfações, a decepções, à imposição do doloroso ou do que é mediatamente sem valor (por exemplo, a sensação de falta de novos valores para nos esforçarmos, que elevem o nível geral de valor: o tédio). Ademais, novos valores, efetivos e possíveis do ponto de vista prático, entram no raio de ação, lutam com os que eram mesmo agora ainda válidos e eventualmente desvalorizam-nos, para o sujeito do esforço, porquanto estes novos, enquanto valores de grau superior, reclamam a primazia prática. Em suma, o sujeito vive na luta por uma vida "plena de valor", assegurada contra sobrevenientes desvalorizações, contra o desmoronamento ou o esvaziamento de valores, contra as decepções, em uma vida que sempre se eleva no seu teor de valor – o sujeito vive para uma vida que pudesse obter uma satisfação global continuadamente concordante e segura. No nível superior, o da espontaneidade livre, o sujeito não é, porém, como no nível inferior, uma simples cena passiva para forças motivas reciprocamente conflituantes. Ele olha sinoticamente a sua vida e, enquanto sujeito livre, esforça-se, conscientemente e sob diferentes formas possíveis, para dar à sua vida a forma de uma vida satisfatória, "feliz".

O motivo originário para pôr fora de ação a sua afetividade respectiva <**26**> e para passar à livre ponderação é a penosa vivência da negação e da dúvida; portanto, a vivência da aniquilação, efetiva ou iminente, das "opiniões" judicativas, valorativas e práticas e, eventualmente, das ponderações e decisões já livremente consumadas – na medida em que também elas podem tornar-se duvidosas e ser submetidas a uma nova crítica. Por outro lado, porém, a clareza do ver, a "*evidência*", a "*intelecção*", enquanto consciência da autocaptação direta do visado (na ação realizadora, trata-se do alcançamento do próprio valor meta), destaca-se por sobre a simples presunção antecipadora. Ela torna-se uma fonte de normas verificadoras, fonte que é, agora, objeto particular de uma valorização e de um esforço. Assim se compreende a peculiaridade do *esforço racional*, enquanto esforço para dar à vida pessoal, a respeito das suas respectivas tomadas de posição judicativas, valorativas e práticas, a forma da intelectividade, ou seja, em uma relação de adequação a esta, a da *legitimidade ou da racionalidade*. Em uma expressão correlativa, isso é o esforço para expor, na autocaptação intelectiva, o "verdadeiro" em cada um destes aspectos – ser verdadeiro, conteúdo judicativo verdadeiro, valores e bens verdadeiros ou "autênticos" –, no qual as simples opiniões encontram o seu padrão normativo de correção e de incorreção. Mas poder ver isto e deixar-se motivar por isto pertence às possibilidades de essência do homem. Como também, além disso, a possibilidade de que o homem se avalie segundo normas da razão e se transforme do ponto de vista prático.

B. Formas de vida especificamente humanas e formas pré-éticas da autorregulação

Ligamos aqui o seguinte: na possibilidade de *livre autoformação*, que reconhecemos no final, fundam-se *formas de vida* especificamente humanas *a priori* distintas, ou seja, *tipos humanos pessoais*, que nos elevam à forma de valor suprema do homem *ético* e que nela culminam.

O homem pode olhar sinoticamente, de um modo unitário, a sua vida inteira, se bem que em graus de determinidade e clareza bem distintos, e valorá-la universalmente segundo as efetividades e as possibilidades. Ele pode propor-se, então, uma *meta geral de vida*, <27> submeter-se, a si e à sua inteira vida, na sua infinitude aberta de futuro, a uma exigência de regulação que brote da vontade livre própria. Como motivo que, de fato, se torna eficaz enquanto omnideterminante, outorga ela à vida pessoal uma forma completamente nova. Contudo, na generalidade desta descrição, desenha-se um tipo geral de vida que deixa ainda em aberto tipos particulares diferentes.

Uma tal regulação, conscientemente estendida por sobre a infinitude ilimitada da vida, está presente, por exemplo, quando alguém quer dedicar um cuidado universal, planificado, à conservação sensível de si próprio e aos bens que a servem, e se volta, em consequência, para uma profissão que lhe permita ganhar bem; pode, de resto, fazê-lo apenas pela razão de que entrou nessa profissão por tradição familiar, e que tem raízes firmes nela, ou porque reconhece nos bens econômicos a condição prévia de todos os outros bens, ou mesmo porque lhes dá precedência perante todos os demais.

Entre as múltiplas figuras de tais formas de vida, destaquemos um tipo assinalado, assinalado pelo modo peculiar como uma decisão valorativa pessoal se torna determinante para uma autorregulação da vida pessoal no seu todo. Ao ver sinoticamente e ao valorar a sua vida futura possível, pode alguém se tornar ciente de que valores de um tipo determinado, que pode a cada momento eleger como metas de ação, têm para ele o caráter de valores *incondicionalmente desejados*, sem a realização continuada dos quais não poderia encontrar nenhum contentamento (neste sentido, valem como incondicionalmente preferíveis, para uns, os bens do poder, para outros, os da fama, do amor ao próximo etc.; uma coisa que está, agora, fora de questão é saber se se trata de bens verdadeiros e autênticos ou de bens simplesmente presumidos). Consequentemente, a pessoa decide-se, então, a dedicar-se a si própria e a dedicar a sua vida futura à possibilidade de realização de tais valores. Isto não exclui que renuncie a esses valores em certas circunstâncias, que os sacrifique ao reconhecer que, sob estas novas circunstâncias, outros valores hão-de ser preferidos. Pode muito bem ser que se trate, com estes últimos, de bens em si mesmos superiores, perante os quais os seus, como a própria pessoa o vê, fiquem em geral para trás: como, por exemplo, para quem deseja o poder, os valores do amor ao próximo. Estes bens podem residir a todo o momento no seu domínio prático, de tal maneira que a pessoa poderia também dedicar a eles a sua vida. E, no entanto, não os privilegia senão ocasionalmente, **<28>** quando eles lhe trazem um pequeno "custo". Por conseguinte, a valoração objetiva superior não precisa se tornar uma preferência prática, porquanto uma pessoa viva na certeza permanente de que esses bens inferiores são, *para ela*, os mais preferíveis, a que ela não quer nem pode renunciar incondicionalmente; e não o poderia porque os quer *incondicionalmente*. Aqui, o que desde logo se destaca é o fato geral de que uma disposição para uma entrega incondicional a metas valorizadas, nascida da incondicionalidade com que se as deseja, se torna princípio de uma regulação da vida; seja esta entrega, como no nosso exemplo, uma entrega completamente irracional, um enamoramento cego, ou não o seja.

Um caso particular é, portanto, o de uma decisão por uma *vocação de vida, no sentido pleno e superior*. Pensamo-lo por referência a um gênero de valores que são amados, pelo homem respectivo, com um amor "puro", valores cuja prossecução lhe traria, por conseguinte, uma satisfação "pura". E disso estaria ele próprio certo com evidência. Trata-se aqui, desde logo, de valores autênticos, reconhecidos na sua autenticidade e, ademais, de valores que pertencem a uma região de valores singular, preferida com exclusividade. A vocação para ela, a entrega em exclusivo da vida à realização dos valores que lhe correspondem, consiste em que o sujeito respectivo está, na sua vida pessoal, exclusivamente vinculado a precisamente esta região – por exemplo, a da Ciência ou da Arte, ou dos valores comunitários autênticos. Uma diferença essencial anuncia-se já em que eu posso considerar e estimar plenamente toda espécie de valores sem, porém, os amar a partir do centro mais íntimo da minha personalidade – "com toda a minha alma" – como os *meus*, como aqueles a que eu, enquanto sou o que sou, inseparavelmente pertenço. Assim é a Arte "vocação" para o artista autêntico, a Ciência, para o cientista autêntico (o "filósofo"); ela é o domínio de atividades e realizações espirituais a que se sabe "convocado", e convocado de um modo tal que só a criação de tais bens lhe traz a satisfação "mais íntima" e "mais pura", concede-lhe, com cada novo sucesso, a consciência da "felicidade".

Com isso, aprendemos a conhecer algumas formas de autorregulação universal que, manifestamente, podem ser, agora, submetidas a uma possível crítica, e certamente a uma crítica que se faça também do lado daquele que se decidiu por elas. Estas formas de vida podem ser reconhecidas como sendo, em parte, plenas de valor e, em parte, sem valor, e também como formas mais valiosas ou menos valiosas relativamente. <**29**> A forma de vida *ética* está essencialmente aparentada com elas; a sua caracterização deverá ser a nossa próxima tarefa.

II. A forma individual de vida autêntica-humanidade

A forma de vida do homem ético é, perante as outras – por exemplo, as formas da vida vocacional descritas na seção anterior –, não apenas a mais valiosa relativamente, mas antes a única *absolutamente* valiosa. Todas as formas de vida que são para avaliar positivamente só podem permanecer valiosas, para o homem que se elevou ao nível do ético, porque se integram na forma de vida ética e adquirem nela, não apenas uma nova doação de forma, mas também a sua norma e justificação últimas. O artista autêntico, por exemplo, não é ainda, enquanto tal, o homem autêntico, no sentido mais elevado. Mas o homem autêntico pode ser um artista autêntico, e *pode* sê-lo apenas *se* a autorregulação ética *exige* isso dele.

Deve levar-se, agora, estas teses à intelecção enquanto necessidades de essência. Procuremos desenvolver geneticamente, para começar, a forma de vida ética como uma forma essencial (apriorística) da vida humana possível, isto é, a partir das motivações que a conduzem a partir dos fundamentos essenciais.

A. Gênese da renovação enquanto autorregulação absoluta e universal. Razão, felicidade, contentamento, consciência ética

Atentemos desde já no seguinte. Formas de vida com base na autorregulação universal, tal como as descrevemos acima, por exemplo, como a forma de vida do homem vocacionado, abarcam, decerto, a vida no seu conjunto, mas não de tal modo que regulem *cada* ação determinando-a, que atribuam a cada ação uma forma normativa que possuísse a sua fonte originária na vontade geral que estabelece a regra. Assim, a decisão que determina uma vida vocacional pretende regular apenas as atividades vocacionais; apenas elas têm, a partir daí, a forma do que é devido e que é <**30**> para realizar da melhor maneira possível. Além disso, todas as formas de vida deste tipo assentam em uma saída do homem do estado de ingenuidade animal. Ou seja, a vida já não se consuma mais, exclusivamente, na entrega ingênua do eu às afecções, que partem do mundo circundante de que se tem, em cada caso, consciência. O eu já não vive simplesmente segundo impulsos, originais ou adquiridos, segundo inclinações habituais, e coisas semelhantes, mas volta-se antes, reflexivamente, como foi acima descrito (na primeira seção, *sub* A), para si próprio e para o seu agir, torna-se o eu que se determina e se escolhe, e, como na vida de vocação, que submete o conjunto da sua vida a uma vontade geral e refletida. Mas, em geral, uma tal vontade livre exerce-se ainda, de novo, em uma certa ingenuidade. Falta a intenção habitual para uma crítica das metas e dos caminhos que a elas conduzem, tanto no que respeita a saber se as metas são factíveis e os meios adequados e viáveis, como no que respeita à sua validade axiológica, à sua autenticidade enquanto valores. Uma tal crítica deve, primeiro que tudo, assegurar o agir frente às decepções provindas do falhanço tanto relativamente ao seu objeto como ao valor da ação, mas também dar, de seguida, à alegria de alcançar a meta, a sua força permanente, que sempre de novo se confirma, para protegê-la de desvalorizações subsequentes, em virtude do abandono da pertinência substantiva ou axiológica do agir. Neste último aspecto, tais desvalorizações nascem do penoso reconhecimento de que o "bem" almejado será apenas um bem presumido; o trabalho que lhe foi dedicado será, portanto, inútil, a alegria a seu respeito, carecida de sentido, e, de seguida, uma alegria que não pode ser contada na soma de bens da vida até então vivida.

A motivação que provém desse tipo de desvalorizações e de decepções penosas é o que motiva, como já foi indicado antes, a necessidade de uma tal crítica e, com isso, o esforço específico para a verdade, ou seja, o esforço para comprovação, para a justificação "definitivamente válida", através de uma fundamentação intelectiva. Um tal esforço pode, no início, vir à luz do dia e ser eficaz apenas em casos singulares ou em certas classes de casos. No entanto, existem aqui possibilidades de essência para uma motivação que desemboque em um *esforço genérico para uma vida perfeita em geral*, isto é, para uma vida que seria plenamente justificada em *todas* as suas atividades e que garantiria uma satisfação pura e constante.

Carecemos aqui de desenvolvimentos mais pormenorizados. É da especificidade peculiar <**31**> do homem que ele possa, a cada momento, ver sinoticamente o *todo* da sua vida (enquanto unidade para ele *objetivamente* constituída). A isso pertence, como se destaca já do anterior, também a possibilidade de submeter a um livre exame a infinitude do agir próprio possível e, em unidade com isso, a infinitude do acontecer circum-mundano a respeito das possibilidades práticas aí contidas. Precisamente por isso, aumenta, na progressão do desenvolvimento individual (e tanto mais quanto é mais elevado o seu nível), não apenas a multiplicidade e complicação dos projetos práticos, dos planos, das atividades de realização prática, mas aumenta também, em medida crescente, a incerteza íntima do homem, o cuidado opressivo por bens autênticos, sólidos, por satisfações que estejam asseguradas contra toda e qualquer crítica desvalorizadora e abandono.

A destacar de modo muito particular será, aqui, como algo que constantemente dificulta o estado de ânimo e a práxis humana, a *interdependência funcional dos valores práticos*, que se funda na essência da práxis racional possível, e a correspondente *forma essencial* geral da *desvalorização prática*, que se expressa na seguinte *lei de absorção*: onde há vários valores, dos quais cada um pode ser realizado por um mesmo sujeito no mesmo ponto temporal, ao passo que a sua realização coletiva (em parelha e, portanto, em conjunto) é uma impossibilidade, aí o valor de bondade do mais elevado destes valores absorve o valor de bondade de todos os valores menores. Isto significa que é errônea a escolha de cada um destes valores "absorvidos", que será mesmo um mal, aí onde um bem prático mais elevado entra em concorrência com eles.

Essa lei da "prática formal" entrelaça-se com outras leis de essência. Assim, por exemplo, com a *lei da soma*: da realização coletiva de bens práticos, que não sofrem qualquer diminuição de valor nesta realização, resulta um "bem aditivo" de valor mais elevado que o de cada uma das partes abrangidas na soma, ou membros singulares. Tais leis fundamentam uma referencialidade recíproca de todos os possíveis valores de bem ou, como também poderíamos dizer, de todos os fins de um mesmo sujeito; tais leis fundamentam a impossibilidade de, ao ponderar, planear, agir, tomar em consideração os valores singulares apenas por si próprios, como se a realização singularizada e a satisfação daí resultante pudesse produzir um *contentamento* duradouro. O contentamento não brota de satisfações singulares (mesmo se <**32**> puras, referidas a valores verdadeiros), mas funda-se na certeza da maior satisfação continuada possível no conjunto da vida em geral. Um contentamento *racionalmente* fundado estaria, portanto, radicado na certeza intelectiva de poder conduzir plenamente a vida no seu todo a ações bem-sucedidas na maior medida possível, a ações que, a respeito dos seus pressupostos e metas, estivessem asseguradas contra as desvalorizações.

Quanto mais o homem vive no infinito e, conscientemente, olha sinoticamente as possibilidades de vida e ação futuras, tanto mais se destaca diante dele a infinidade aberta de possíveis decepções e tanto mais se produz um descontentamento que, finalmente – no conhecimento da liberdade de escolha própria e da liberdade da razão –, se volve em descontentamento consigo mesmo e com o seu agir.

O conhecimento, que devém consciente em casos singulares, da possibilidade de justificações intelectivas, bem como da possibilidade de poder preparar e configurar a sua ação de tal modo que ela não se justifique apenas posteriormente e de um modo contingente, mas, enquanto fundada em uma ponderação racional intelectiva, traga consigo de antemão a garantia do seu direito, este conhecimento cria a *consciência de responsabilidade da razão* ou *consciência ética.*

O homem, que vive já na consciência da sua faculdade racional, sabe-se agora responsável pelo justo e o injusto em todas as suas atividades, sejam elas atividades de conhecimento ou atividades valorativas, ou ainda ações tendo em vista a eficácia real. Aí onde estas falham na sua justeza ou racionalidade, aí reprova a si próprio, fica descontente consigo mesmo.

Daí surge, por uma motivação possível e compreensível, o desejo e a vontade de uma autorregulação racional que deixa muito atrás de si as autorregulações universais da vida vocacional autêntica, as quais se estendem a toda a vida, mas não são efetivamente universais. Ou seja, o desejo e a vontade de dar uma forma nova, no sentido da razão, à vida própria no seu *conjunto*, a respeito de *todas* as suas atividades pessoais: de torná-la uma vida a partir de uma perfeita boa consciência, ou uma vida cujo sujeito seja capaz de se justificar a cada momento perante si mesmo de um modo perfeito. O mesmo dito de outro modo: para uma vida que traga consigo um contentamento puro e duradouro.

<33> B. A forma de vida humanidade autêntica

Pode ser, à partida, questionável até onde se estende a possibilidade *prática* de "*renovar*" a vida inteira neste sentido e de, com isso, se dar a forma de um *homem "novo", verdadeiramente racional.* Mas o que é desde o início claro, e claro para aquele que avalia universalmente a si próprio e a sua vida, é, em todo caso, uma possibilidade geral, se bem que imperfeitamente determinada quanto ao conteúdo, de poder agir "segundo a *melhor* ciência e consciência", portanto, de poder conferir à sua *vida* ativa, *segundo a melhor capacidade em cada caso*, veracidade, racionalidade e justeza (correspondentemente, o verdadeiro, autêntico, o justo visíveis). Uma tal vida, a *melhor possível* em cada caso, é, para o seu sujeito, caracterizada como o que é absolutamente devido.

Surge, desse modo, a *forma de vida "humanidade autêntica"*, e, para o homem que a si próprio se avalia, que avalia a sua vida e a sua eficácia possível, surge a *ideia* necessária *do "homem autêntico e verdadeiro"* ou do *homem de razão.* Ele é o homem que se chama *animal rationale* não simplesmente porque tenha a faculdade da razão e porque regule e justifique de um modo simplesmente ocasional o seu agir segundo intelecções racionais, mas antes que, sempre e em todo lado, na sua vida ativa, assim procede porquanto aspira ao racionalmente prático *em geral* e puramente por causa do seu valor prático absoluto, com base em uma autodeterminação genérica de princípio, e se aplica consequentemente, de seguida, não só a reconhecer intelectivamente, segundo as suas forças, o que é verdadeiro ou bom do ponto de vista prático, enquanto o melhor da sua respectiva esfera prática, mas também a realizá-lo.

Se vamos, aqui, até a fronteira ideal – dito matematicamente: até o "limite" –, então, de um ideal *relativo* de perfeição, destaca-se um ideal *absoluto.* Não é outra coisa senão o ideal de perfeição pessoal absoluta – absoluta perfeição teórica, axiótica[8] e prática em qualquer sentido; correspondentemente, é o ideal de uma pessoa enquanto sujeito de *todas* as faculdades pessoais potenciadas no sentido da razão absoluta – uma pessoa que, se a pensássemos ao mesmo tempo como onipotente e "todo-poderosa", teria todos os atributos divinos. Em todo caso, excetuando esta diferença (extrarracional), poderíamos dizer: o limite *absoluto*, o polo que reside para lá de toda a finitude, o polo para que todo o esforço autenticamente humano <**34**> está dirigido é a *ideia de Deus*. Ela própria é o Eu "autêntico e verdadeiro" que, como haverá que o mostrar, todo homem ético traz em si próprio, a que ele infinitamente aspira e que infinitamente ama, e do qual se sabe sempre infinitamente distante. Perante este ideal de absoluta perfeição está o *relativo*, o ideal do perfeito homem humano, do homem que faz "o melhor", da vida na consciência do que é, de cada vez, o "melhor possível" para ele – um ideal que traz em si, ainda e sempre, o selo da infinitude.

C. Esclarecimentos e complementos

Para uma consideração mais pormenorizada destes ideais da razão e da ideia prática, com eles relacionada, do homem ético, recorramos à forma de vida do *homem paradisíaco*, portanto, à da "inocência paradisíaca". Ela designa (se a quiséssemos referir precisamente a todo o tipo de atos) uma forma de vida que a custo se pode levar à claridade plena, portanto, de que a custo se pode mostrar a possibilidade. No melhor dos casos, tratar-se-ia de um caso limite ideal provindo de uma infinitude de outras possibilidades e, em todo caso, de uma possibilidade que não poderíamos de modo algum considerar como o ideal de perfeição e ainda menos como o ideal prático. "O homem erra porquanto se

8 **N.T.:** *Axiotisch* no original.

esforça", por conseguinte, porquanto é homem. Teríamos de considerar que errar, em todas as suas formas, é não apenas uma possibilidade de essência em aberto, mas também – já pela relação de essência do homem com um mundo circundante natural – uma possibilidade faticamente incontornável em cada vida humana pensável. O homem paradisíaco seria infalível, por assim dizer. Mas não seria a infalibilidade divina, a infalibilidade provinda da razão absoluta, mas antes uma infalibilidade cega, contingente, porque um tal homem não teria o mínimo pressentimento acerca do que seja a razão, a evidência crítica e a justificação. Na sua ingenuidade irrefletida, ele seria apenas um animal idealmente adaptado a circunstâncias contingentemente estáveis através de um instinto cego. O homem não é, porém, animal, mesmo que perfeito no seu tipo e constantemente satisfeito. Como foi mais pormenorizadamente desenvolvido na 1ª seção, ele tem "autoconsciência". Na sua referência subjetiva a si próprio, não se deixa viver de um modo simplesmente ingênuo e dentro do seu mundo circundante exterior. Mas, pensando em si próprio e nas possibilidades (que pertencem à sua essência) de atingir a meta ou de falhar, da satisfação e da insatisfação, de ser feliz ou infeliz, exerce, **<35>** como foi mostrado, a autovaloração judicativa e a autodeterminação prática. Nasce aqui, manifestamente, a gradualidade autêntica, essencial, de perfeição da humanidade enquanto tal, a partir da qual toda a construção legítima de ideais deve ser efetuada. Quanto mais livre e claramente o homem olhe sinoticamente a sua vida inteira, a avalie e a reconsidere segundo as possibilidades práticas, tanto mais será crítico no balanço da sua vida e fará um começo que tudo leve em conta para o conjunto da sua vida futura; tanto mais decididamente adota na sua vontade a forma racional, reconhecida enquanto tal, da vida e dela faz a lei inquebrável da sua vida: tanto mais perfeito ele é – enquanto Homem. Aqui reside também o único ideal *prático* do homem que é possível pensar e, simultaneamente, a forma absolutamente necessária de todos os graus de valor positivo que se pode ainda distinguir quanto à atividade, à realização e ao caráter habitual. O homem enquanto homem tem ideais. Mas é da sua essência criar para si próprio e para a sua inteira vida um ideal enquanto este eu pessoal, e mesmo um duplo ideal, um ideal absoluto e um relativo, e ter de pôr o seu esforço na máxima realização possível desse ideal; ter de o pôr, se deve ter o direito de reconhecer-se, em si mesmo e na sua própria razão, como um homem racional, como verdadeiro e autêntico homem. Este *a priori* que nele repousa cria-o, portanto, na sua forma mais originária, a partir de si próprio, enquanto *seu "eu verdadeiro" e seu "melhor eu"*. Ele é, na sua composição absoluta, o ideal do seu próprio eu vivendo em atos absolutamente justificados perante si próprio, vivendo apenas em atos a justificar absolutamente. Se ele alguma vez pressentiu e viu este ideal, então deve também reconhecer, de um modo intelectivo, que a forma de vida que lhe é conforme, a forma de vida ética, não é apenas a melhor possível de um ponto de vista relativo, como se, ao lado dela, outras pudessem ser em geral chamadas boas, mas antes que ela é a única boa sem mais, a que é "categoricamente" exigida. O que poderia ser bom para o eu, *antes* de ter captado o ideal racional do seu verdadeiro eu, deixa pura e simplesmente de ser bom, e toda e qualquer felicidade pura que ele tivesse obtido anteriormente cessa de valer incondicionadamente e de ser, para ele, verdadeira felicidade. Agora, só é bom o que se justifica absolutamente, portanto, não aquilo que se justifica apenas na sua singularização, mas antes no universo de possibilidades práticas e a partir de uma vontade universal de uma vida provinda da razão prática, segundo a melhor ciência e consciência. Onde, porém, se confirme o que fora denominado bom, é esta mesma confirmação que faz disso, por vez primeira, um verdadeiro bem.

<**36**> Deste modo, o caráter de fundo de uma vida humana da mais alta figura de valor é um caráter *absolutamente imperativo*. Todo homem está, podemos dizê-lo de acordo com a fórmula kantiana, sob um "imperativo *categórico*". Só pode ser "verdadeiro homem", valorado como pura e simplesmente bom, porquanto se submeta voluntariamente ao impera-

tivo categórico – a este imperativo, que, pelo seu lado, não diz outra coisa senão: sê um verdadeiro homem; segue uma vida que possas justificar intelectivamente de ponta a ponta, uma vida provinda da razão prática.

Por essência, à exigência valorativa de assim ser pertence, porém, a exigência prática de assim se *tornar* e, indo ao encontro do polo que guia a partir de lonjuras inalcançáveis (ao encontro da ideia de perfeição absoluta a partir da razão absoluta), fazer o "*melhor possível*" *em cada momento* e, assim, tornar-se sempre melhor segundo as possibilidades de cada momento. Deste modo, ao ideal absoluto do ser pessoal perfeito no devir absoluto da razão corresponde o ideal humano do devir sob a forma de um desenvolvimento humano. O ideal absoluto é o do sujeito absolutamente racional e, nesta medida, absolutamente perfeito, a respeito do todo da sua faculdade racional. A sua essência consiste em criar-se a si próprio *enquanto* absolutamente racional, a partir de uma vontade universal e absolutamente fixa de racionalidade absoluta e, certamente, como dissemos, em um "devir absoluto da razão"; mas isto porquanto a vida, que é, em geral, devir necessário, dimane, aqui, da vontade racional originariamente instauradora, como um agir que seja absolutamente racional em cada pulsada. A respeito da sua racionalidade, a pessoa absolutamente racional é, portanto, *causa sui*.

Consideremos, perante ele, o ideal e o tipo *desenvolvimento humano*. Trata-se de um desenvolvimento que se distingue nitidamente do tipo de um desenvolvimento simplesmente orgânico e, assim, também de um desenvolvimento simplesmente animal. Pertence objetivamente a um *desenvolvimento orgânico* que ele conduza *realiter* a uma forma madura típica, em um típico fluxo de devir. Também o homem, tanto como o animal, tem o seu desenvolvimento orgânico, do ponto de vista corporal e, por aí, igualmente do ponto de vista espiritual, com os correspondentes níveis de desenvolvimento. Mas o homem, como ser racional, tem também a possibilidade e a livre faculdade de um desenvolvimento de tipo totalmente diferente, na <37> forma da livre autocondução e autoeducação, ao encontro de uma *ideia final* absoluta, que conhece (livremente formada no conhecer racional próprio), que valora e que é de antemão posta na própria vontade. Trata-se de um desenvolvimento para a livre personalidade "ética", e decerto em atos pessoais, em que cada um quer ser, ao mesmo tempo, um fazer racional e um fato racional, a saber, uma aspiração para algo verdadeiramente bom que, por outro lado, *enquanto tal* esforço, a si próprio *a priori* aspira e livremente opera.

É claro que, para o homem que se esforça eticamente, há que dizer precisamente o mesmo: ele é sujeito e, ao mesmo tempo, objeto do seu esforço, obra em devir até o infinito, cujo artífice é ele próprio. Precisamente por isso, a forma de vida do homem ético tem um caráter notável. A sua vida perdeu a ingenuidade e, com ela, a beleza originária de um crescimento orgânico natural para, com isso, ganhar a beleza anímica superior do combate ético pela clareza, pela verdade, pelo direito e, brotando disso, a beleza da bondade humana autêntica, que se torna uma "segunda natureza". Cada ato singular de um eu amadurecido na formação ética, na boa-formação através da autoformação, tem o teor fenomenológico de legitimidade habitual a partir de justificações anteriores, mesmo quando surge sem uma justificação própria. Nesta consciência reta, enraizada no hábito, mas que, em cada caso, se deixa fenomenologicamente assinalar enquanto tal, tem ele a sua forma ética (observada ou inobservada), que o distingue de todos os atos ingênuos. Exemplos claros são dados pelo modo como o cientista tem consciência de proposições que foram anteriormente provadas, nos casos em que faz um novo uso delas, ou pelo modo como o pensamento exercitado no cálculo esboça novas proposições em uma consciência habitual da sua retidão. Na autoeducação, serve para este efeito a habitual *forma da imperatividade*, ou a disposição para querer agir – e agir de fato – "conscienciosamente", "tão bem quanto possível", que é fenomenologicamente transferida para cada ação sem uma nova reflexão.

Pensamos a forma de desenvolvimento especificamente humana enquanto *ideal*, porquanto a pensamos como o *máximo ideal* do empenho que é possível a um homem, em cada momento, para dar à sua vida aquela forma que ele tem diante dos olhos como o ideal absoluto da autêntica humanidade. Mas o homem pode bem ter-se proposto este ideal, enquanto *a priori* prático do todo da sua vida ativa, ter-lhe mesmo dado a força de uma ideia-final que governa de ponta a ponta a inteira habitualidade do seu <**38**> esforço pessoal, ele pode, portanto, enquanto eu eticamente centrado, estar e manter-se dirigido para ela de modo habitual, se bem que, seja momentaneamente ou em longas porções de tempo, se deixe arrebatar por "afecções exteriores" e "*se vá perder no mundo*". O começo de todo e qualquer autodesenvolvimento é imperfeição. Perfeição é, decerto, a ideia-final que dirige de modo consequente o desenvolvimento; mas a simples vontade de se tornar perfeito não dá de repente a perfeição, cuja realização está ligada à forma necessária de um combate sem fim, mas também de um fortalecimento no combate. Subsiste sempre, com isso, a possibilidade de essência de que o homem caia em uma vida mundana "*pecaminosa*", em uma vida que já não é, outra vez, ingênua, porque a decisão ética, que continua eficaz, faz valer continuadamente (e conscientemente, no sentido indicado) a sua exigência para a vida; contudo, em vez da forma habitual da conformidade à norma, a vida "pecaminosa" tem a forma da contraposição à norma, em vez da forma do preenchimento da exigência absoluta do dever, a do seu abandono não ético, a da queda e decadência éticas. O caráter de consciência da maldade ética adere, com isso, ao que é feito enquanto tal, e, sem reflexão, adere ao eu pessoal e ao seu agir, com os seus caracteres correlativos do extravio pecaminoso. De resto, este caráter, assim como o sentimento de consciência que o acompanha (eventualmente, como "advertência penetrante da consciência"), podem passar completamente despercebidos e, também, permanecer desatendidos do ponto de vista prático. Por força de uma continuada desatenção prática, por força de uma abstenção continuada de novas tomadas de consciência e da retomada atualizadora da vontade originária de vida ética (da vontade de se tornar um homem novo), a eficácia da sua força motivadora deve, por fim, estiolar-se. A vida assume, então, a forma da *pecaminosidade endurecida*, da consciente desatenção à exigência ética, da "falta de consciência". O sujeito, que se perdeu em certas metas, ou que, por livre escolha, a elas se abandonou e a elas se vinculou inseparavelmente, recusa-se a afirmar, na vontade, aquela norma que conhece, ou recusa-se a toda e qualquer crítica dessas metas e a qualquer reconhecimento prático de normas que possam falar contra elas.

A vida verdadeiramente humana, a vida na infindável autoeducação, é, por assim dizer, uma vida do "*método*", do método para a humanidade ideal. Por mais elevado que seja o nível relativo de perfeição **<39>** da vida ética, esta é sempre uma vida de autodisciplina, correspondentemente, de autocultura, de autogoverno, sob uma constante autovigilância. Como há-de ela decorrer, em detalhe, segundo a sua essência, quais são os seus perigos específicos, os seus tipos possíveis de autoenganos, de extravios, de degenerescências duradouras, as suas formas habituais de automendacidade, as reservas éticas inconsideradas – expor isto sistematicamente é a tarefa de uma ética individual pormenorizada.

De um modo assaz notável, expõe-se nas nossas considerações de essência, formais e gerais, a estrutura ideal da vida humana como um "*pan-metodismo*". É a consequência necessária do tipo essencial geral do homem, um ser que, na ação livre e racional, se eleva sobre o animal. Enquanto ser racional, e de acordo com a sua própria intelecção, ele só pode chegar ao contentamento puro através da autogovernação e da autocultura segundo a ideia centralizadora da razão prática, e ele deve, então, exigir categoricamente de si próprio uma vida correspondente. Uma vida humana consequente com esta forma humana de desenvolvimento é uma tal *autoelevação* continuada, mas sempre apenas por uma passagem ativa e livre da imperfeição para uma menor imperfeição, portanto, da *indignidade para uma menor indignidade.* Porque só o ideal absoluto da perfeição, a ideia-final do desenvolvimento humano, confere a plena dignidade que a si própria se confirma.

Denominamos, em geral e no *sentido mais lato, toda e qualquer* vida (também a que não é completamente consequente) autogoverno, segundo a exigência categórica da ideia-final ética, como uma vida ética; ao seu sujeito, sendo alguém que se determina à autodisciplina ética, denominamo-lo – de novo num sentido *lato* – uma *personalidade ética.*

De acordo com isso, a ideia da vida ética, enquanto forma geral e necessária de uma vida humana de valor superior, conteria em si possibilidades de essência de valor positivo e negativo; uma vida ética, no nosso sentido mais lato, pode ser uma vida ética mais ou menos perfeita e, com isso, uma vida boa ou má – uma vida "não ética". A última expressão aponta para *conceito pleno de uma vida ética* (de modo semelhante, de personalidade ética). Este compreende em si exclusivamente a cadeia de níveis das formas de vida de valor *positivo*, entre as quais a *forma ótima* ideal de uma vida consequente <**40**> de acordo com o "melhor", a saber, segundo a melhor "ciência e consciência" em cada caso possível para o sujeito correspondente.

Repare-se bem na generalidade, já sublinhada na Introdução, com que são aqui usados, por razões essenciais, os conceitos de razão e de personalidade ética. O conceito de razão estende-se tanto quanto se possa falar de algum modo, nos atos pessoais, de correto e de incorreto (correspondentemente, de justo e injusto), de racionalidade e de irracionalidade, e isto ocorre em um sentido múltiplo, mas encerrando uma manifesta comunidade de essência. Correlativamente, falar-se-á, portanto, do verdadeiro, do autêntico, do bom etc., a respeito das metas dos atos pessoais. Consideram-se aqui todos os tipos de atos; todos eles e, por consequência, todos os tipos de razão estão inseparavelmente entrelaçados uns nos outros através de leis de essência: apenas uma doutrina racional que se estenda à completa universalidade da razão, na direção das possibilidades de essência de uma vida prática racional e de uma correspondente "Ética" universal, pode fornecer intelecções principiais perfeitas e, por consequência, tornar possível uma vida ética do nível de valor mais elevado, que provém da mais perfeita clareza de princípios.

A ideia normativa da razão refere-se tanto ao que se denomina, no sentido habitual, o agir (a eficiência no mundo circundante), como também aos atos lógicos e valorativos (por exemplo, estéticos). A Ética completa abarca a Lógica (a arte lógica), em todas as suas delimitações costumeiras, bem como a Axiologia (doutrina dos valores, especialmente a doutrina estética), como também a prática toda, seja como for que se delimite. Também todo e qualquer conhecer teorético é, por exemplo, um "agir", e a vida do cientista, dedicada por vocação à verdade, é uma vida "ética de conhecimento", quando ela é, em geral, legítima e racional no pleno sentido. O que faz o caráter de essência do ético, no nosso sentido atual da ética individual, é que ele exige uma regulação da vida individual *total* segundo o "imperativo categórico" da razão – a saber, que ele exige dela que seja a melhor possível perante a razão e em *todos* os atos pessoais possíveis. Só de acordo com isso poder-se-á estabelecer, por vez primeira, até que ponto, no quadro formal de uma tal vida imperativa, pode ser justificada, em geral, a forma da vida vocacional e profissional, e, de seguida, especificamente, por exemplo, a de uma vida científica, artística ou política, e sob que formas circunstanciais e sob que restrições limitadoras **<41>** ela é possível e, de seguida, exigida enquanto vida ética.

Em geral, o "imperativo categórico" é, manifestamente, ainda que ele próprio imperativo, apenas uma forma significativa *vazia* para todos os imperativos individuais de conteúdo determinado possivelmente válidos. É, antes de tudo, a tarefa de uma Ética desenvolvida traçar, nesta forma universal, por meio de uma investigação e crítica sistemáticas das formas de vida possíveis compreendidas *a priori* na essência do homem, as particularizações categoricamente exigidas por referência às formas de personalidade possíveis e de circunstâncias possíveis, e, deste modo, descrever também as formas éticas da vida vocacional possível em todas as suas diferenciações de dignidade ética, que se podem consumar *a priori*, tanto como, naturalmente, esboçar também a típica essencial das formas éticas negativas.

Todo homem tem, por conseguinte, tanto a sua individualidade como a sua ideia e método ético-individual, o seu imperativo categórico individual, concretamente determinado para o seu caso. Só a forma essencial geral do homem ético e a de uma vida sob o imperativo categórico formalmente idêntico é comum a todos os homens enquanto tais; assim como, naturalmente, tudo o que uma Ética científica e principial (portanto, formal) pode derivar da "essência" do homem em matéria de normas apriorísticas.

Acrescentemos, finalmente, ainda uma palavra sobre o *conceito* ético-individual *de cultura*. Toda e qualquer vida especificamente pessoal é vida ativa e está, enquanto tal, sob normas de essência da razão. O campo de atividade do eu pessoal é o domínio infinito - que se deve tomar, primeiro, na sua totalidade - daquilo que é reconhecível para o homem enquanto objeto de uma possível livre eficiência. Compreendido em uma limitação apropriada, este mundo circundante prático de cada homem abarca todo o mundo circundante de que toma consciência, a natureza, o mundo humano e animal, a respectiva cultura, mas também, finalmente, ele próprio, o seu corpo, a sua vida espiritual própria, os seus atos, faculdades ativas e a "natureza anímica", enquanto plano de fundo constante, funcionando passivamente (associação, memória etc.). Tudo isso está submetido, em uma medida que varia individualmente, à vontade e ao trabalho conscientemente apontado a fins. A totalidade dos bens subjetivos que são produzidos nas atividades pessoais (e, especialmente, nas ações racionais) poderia ser designado (no caso especial dos bens autênticos) como o *domínio da sua cultura individual* e, especificamente, da sua cultura autêntica. Ele próprio é, então, **<42>** ao mesmo tempo, sujeito e objeto de cultura; e, de novo, ele é, ao mesmo tempo, objeto de cultura e *princípio* de todos os objetos culturais. Porque toda cultura autêntica só é possível por meio de uma autocultura autêntica e no quadro ético normativo desta. Mesmo uma obra de arte acabada é, por exemplo, tomada em e por si mesma, um simples valor hipotético, por mais que ela faça "feliz", em um sentido puro, o seu criador e aqueles que a recompreendem. Todo e qualquer imperativo que se lhe dirija isoladamente é, por assim dizer, um simples "imperativo hipotético". Apenas no quadro de uma vida ética se consuma uma avaliação universal e, com isso, uma valoração absoluta, e isto corresponde ao que foi explanado anteriormente para *todos* os atos. Por conseguinte, também a obra de arte acabada – um *valor* "*em si*", enquanto objeto-meta de intenções estéticas que se preenchem puramente – tem apenas, com esta *objetividade de valor para* "*qualquer um*", uma *possibilidade* de valor válida, positiva, mas apenas hipotética para qualquer um, ou seja, para qualquer sujeito que valore racionalmente. Ela só recebe *valor efetivo* por referência a uma individualidade efetiva (aqui, uma pessoa singular) e no interior da universalidade da sua razão e da sua vida ética totais. Apenas nisso recebe a felicidade da dedicação à obra de arte a sua norma de direito última, mas também limitadora, e o mesmo para todos os géneros de "valores em si". *Somente o direito ético é um direito último.* Aquilo que se chama, sem mais, valor ou bem, chama-se assim apenas porque preenche certas determinações de essência que, no quadro de uma vida ética, em vez de serem *a limine* excluídas, exigem *a priori* ser tomadas em consideração como um fator valorativo positivo no cálculo de valor.

Conclusão

De acordo com estas análises, é claro que a vida ética, segundo a sua essência, é, de fato, uma vida provinda de uma "*renovação*", provinda de uma vontade originária de renovação que, de seguida, sempre de novo se deve reativar. Uma vida que se denomine como vida ética, no sentido verdadeiro. Não pode devir e crescer "a partir de si", ao modo da passividade orgânica, não pode também ser encaminhada e sugestionada a partir de fora, sejam quais forem as disposições racionais originárias capazes de desenvolvimento que se possam pressupor, e seja qual for a ajuda trazida pelo exemplo e a reta orientação dos outros. Somente pela liberdade própria pode um <**43**> homem chegar à razão e dar forma racional tanto ao seu mundo circundante quanto a si próprio; só assim pode encontrar a sua maior "felicidade" possível, a única que pode ser racionalmente desejada. Cada um deve em si e por si, uma vez na vida, realizar esta autorreflexão universal e tomar essa decisão – determinante para a sua vida inteira e pela qual se torna um homem eticamente emancipado – de fundar originariamente a sua vida como uma vida ética. Por meio desta livre instituição ou produção originária, que encena o autodesenvolvimento metódico frente à ideia ética absoluta, destina-se o homem (ou seja, ele torna-se) a ser um novo e autêntico homem, que rejeita o velho homem e prefigura a forma da sua nova humanidade. Na medida em que a vida ética é, segundo a sua essência, um combate contra as "tendências rebaixantes", pode também ser descrita como uma *renovação continuada*. O homem decaído na "servidão ética" renova-se, em um sentido particular, por meio da reflexão universal e pelo reforço dessa vontade originária de vida ética que se tornara impotente, isto é, por meio de uma nova consumação da instituição originária que, entretanto, perdera validade.

Todas as nossas explanações, toda a fundamentação de leis normativas determinadas, particularmente as que dizem respeito ao indivíduo ético enquanto membro da comunidade, enquanto sujeito de deveres sociais, pertencem já ao edifício da própria ética individual e não mais ao esboço das suas linhas diretoras principiais. Foram, porém, estas que tivemos em vista nesta investigação.

RENOVAÇÃO E CIÊNCIA[9]

Como é possível a renovação de uma cultura? *a)* condições de possibilidade de uma "verdadeira" cultura em geral, de uma "verdadeira" vida comunitária em geral; *b)* e, dentro disso, condições de possibilidade para conferir a uma vida comunitária inverídica, inautêntica, desvaliosa, a forma de uma vida comunitária autêntica e valiosa. Mais precisamente, a pergunta: *α)* Em que medida pertence à essência de uma comunidade e de uma vida comunitária <**44**> que ela só possa ter a forma de uma comunidade "autenticamente humana" ao se ter elevado, partindo da forma inferior de uma vida não verdadeiramente humana, digamos mesmo do nível de uma comunidade "animal" ou de uma comunidade humana de um nível desvalioso, até uma comunidade "verdadeiramente humana": que, portanto, uma comunidade "humana" não está já lá de antemão, mas que apenas pode ser por meio de um *desenvolvimento*, por meio de um devir que, seja ele contínuo ou discreto, seja passivo ou ativo, ou o que for, consume uma transformação, uma subversão, um derrubamento de valores. *α')* A questão de saber em que medida a transformação de uma cultura inautêntica em uma autêntica pode ser um fim prático submetido à vontade, e a uma vontade que tem o caráter de uma vontade comunitária, de tal modo que uma humanidade humana só possa ser uma humanidade que a si própria se determine à Humanidade de um modo finalístico. *α")* Que caminhos para isso estão em questão.

9 Artigo, de 1922/23, para a revista *The Kaizo*, que permaneceu por publicar [Nota da Hua]

I. A ESSÊNCIA, A POSSIBILIDADE DE UMA VERDADEIRA COMUNIDADE DE CULTURA

Que pertence à essência de uma *comunidade de vida em geral*? Em que medida está ela sob normas ideais absolutas, sob condições de possibilidade para ser "absolutamente valiosa"? Cada homem singular está submetido a uma norma absoluta, a um imperativo categórico (a expressão kantiana não quer dizer que assumamos a formulação e a fundamentação kantiana, em uma palavra, as teorias kantianas; apenas quer dizer que o homem singular vive uma vida que, não sendo vivida ao desperdício de um modo qualquer, tem um valor). Mais: uma vida desperdiçada ingenuamente e sem reflexão conduz ao pecado. O homem, enquanto homem, está marcado pelo pecado original, este pertence à forma de essência do humano. Enquanto homem, ele é o sujeito da autorreflexão, e, decerto, o sujeito de uma tomada de posição valorativa e prática relativamente a si próprio, ele é sujeito de uma "consciência" e, enquanto tal, está submetido a uma norma de valor absoluta: deve, em cada caso, decidir-se do ponto de vista prático segundo a melhor ciência e consciência, não deve deixar-se levar passivamente pela inclinação, deve querer livremente e, então, decidir-se livremente pelo bem, por aquilo que, conhecendo (mesmo que talvez errando), reconhece como bem. Apenas nesse caso poderá ser um "homem bom". Contudo, enquanto homem livre, pode olhar sinoticamente o conjunto da sua vida e, por referência ao todo, **<45>** fazer uma escolha, uma escolha universal de vida, pode ver intelectivamente que está sob tal norma incondicionada de valor e que esta não se cumpre por si própria, mas que ele tem um *poder* para isso, que pode, em conformidade com ela, adotar uma vontade universal; em uma palavra, pode reconhecer que está sob um imperativo categórico de fazer uma tal escolha de vida, e que só será bom se o assumir na sua vontade. Daí surge uma nova forma humana, a incondicionalmente superior e incondicionalmente mandatória, a do homem que está sob o imperativo categórico e que de si próprio exige uma certa forma de vida e a quer. Este é o tipo do homem ético e a forma necessária do homem "verdadeiro".

Com isso, ele não é ainda, porém, o melhor possível em geral. Ele está, agora, em um combate diário, toma sempre uma nova decisão e sente-se responsável nela. As paixões passam por cima da sua boa vontade e vê-se motivado a meditar acerca do modo como pode assegurar-se contra elas, acerca do modo como enfraquece a força das paixões ou como fortalece a sua própria força contra elas. Ele erra também profundamente no ajuizamento das circunstâncias relevantes, engana-se a respeito dos meios e escolhe o pernicioso em vez do útil, um valor menos nobre em vez de um valor mais nobre. Ou ajuíza erradamente os outros homens, mesmo quando não é conduzido por quaisquer motivações egoístas, mas vive em um verdadeiro amor à humanidade, faz-lhes injustiça e, neles, causa ofensa a si próprio. Todas estas experiências mostram-lhe que é imperfeito, que deve aprender a proteger-se do erro, a refletir sobre a sua capacidade cognitiva etc. Assim, ao lado da responsabilidade pela decisão no caso isolado, ele tem também um cuidado responsável pela melhoria das capacidades, das forças que, de um modo geral, lhe poderiam assegurar melhores possibilidades de decisões isoladas em determinadas classes de casos. O homem não vive como solitário – também aqui conta, portanto, a eficácia da observação dos outros, a aprendizagem com os seus combates, a preocupação em ter modelos nobres etc.

A inserção de cada homem na comunidade humana, a circunstância de a sua vida se dispor em uma vida comunitária, tem, porém, as suas consequências, que determinam de antemão o comportamento ético e que dão de antemão àquilo que é categoricamente exigido traços formais mais detalhados. Tal como a natureza circum-mundana, também a multiplicidade dos seus "próximos" humanos pertence ao domínio do mundo circundante de cada homem, à sua esfera prática e à esfera de bens possíveis, tanto quanto ele próprio e a sua vida aí <**46**> pertencem, na medida em que, despertado da ingenuidade, quer dar à sua vida a forma de uma vida boa, e a si próprio a forma de um sujeito de vontade boa e reta, que realiza bens verdadeiros e autênticos, tanto caso a caso como no conjunto da sua vida. Na relação social, ele vê que o outro, porquanto seja bom, é também um valor para ele próprio, não um simples bem de utilidade, mas antes um bem em si; ele tem, portanto, um interesse puro no trabalho ético do outro, e tem, em geral, um interesse pessoal em que o outro realize, na medida do possível, os seus desejos bons, que prossiga a sua vida na forma reta e, com isso, a sua vontade ética deve também levá-lo a fazer o que for possível para tal. Isto pertence também, portanto, ao que é categoricamente exigido: o melhor ser, querer e realizar possíveis do outro pertence também ao meu próprio ser, querer e realizar, e inversamente. Portanto, compete também à minha vida humana ética que deseje como bom não apenas a mim próprio, mas antes a comunidade no seu conjunto, enquanto comunidade de homens bons, e, tanto quanto o possa, que o assuma no círculo da minha vontade e dos meus fins. Ser um verdadeiro homem é *querer* ser um verdadeiro homem, e isso encerra em si querer ser membro de uma humanidade "verdadeira", ou querer que a comunidade a que se pertence seja uma comunidade verdadeira, nos limites da possibilidade prática. E a isto pertence a ideia de que, sempre que, pelo agir comunitário no mesmo mundo circundante, resultem incompatibilidades práticas (na medida em que nós não podemos realizar sem mais o mesmo bem para eles), tenha lugar um entendimento ético entre as partes e se decida com "justiça e retidão equitativas", devendo-se repartir, de forma correspondente, o agir quanto ao seu tipo e à sua meta. Aí reside uma organização ética da vida ativa, na qual os agentes singulares não agem em justaposição ou em contraposição, mas antes nas diferentes formas da vontade comunitária (do mútuo entendimento voluntário).

O homem que, em geral, assim medita e assim fala, esclarece-se apenas sobre o que entende por uma vida na melhor consciência, e na medida em que chega a uma tal clareza e quanto maior ela é, tanto mais se eleva a si próprio, tanto mais é um verdadeiro homem. É assim que, de fato, todos os homens bons estão de acordo sobre tais coisas e, no discurso habitual, passam dos casos singulares para o discurso geral, cujo sentido decorre também segundo o tipo descrito, sem uma captação conceitual mais fina.

Contudo, toda e qualquer comunidade é uma pluralidade de homens <47> que são conduzidos, sobretudo passivamente, por motivos em parte egoístas, em parte altruístas, homens entre os quais alguns têm autodisciplina, exercem a livre reflexão, a livre decisão, e alguns têm ainda, com isso, uma vontade de vida ética, no mínimo, uma disposição para a vida ética, uma inclinação para o comportamento ético (não uma decisão voluntária, firme, eficaz, dirigida para uma vida verdadeiramente boa). Assim se desenrola, bem e mal, a vida em comunidade e, nela, a vida do homem singular, e foi em tal vida que surgiu historicamente a cultura comunitária, com as suas múltiplas instituições, organizações, "bens" culturais de todo tipo, bons e maus, que se vão transformando historicamente ou que de novo se fundam. É uma mistura do pleno de valor e do carecido de valor, do que algum dia foi, talvez, útil ou conforme a um sentido de valor elevado, mas que, entretanto, se tornou um resquício desvalorizado que tolhe o passo a uma mais elevada formação de valor. Neste ambiente histórico comunitário, em um tal mundo circundante, que determina e vincula o comportamento prático, vivem os homens, entre os quais aqueles que estão despertos do ponto de vista ético, que se sabem submetidos à exigência categórica de ser bom, de agir bem, que se submetem livremente a ela e que tentaram esclarecer o seu sentido na prática. Nesta situação, a reflexão ética, que abarca de antemão a comunidade enquanto nosso mundo circundante, diz-nos que a forma ética da nossa vida individual pode dar apenas um teor de valor assaz limitado a esta, e que nós próprios, assim como todos os outros que têm uma disposição boa, deveríamos atuar para aproximar, na medida do possível, a comunidade da ideia de uma comunidade boa, no sentido acima descrito.

Fazer individualmente o melhor possível sob circunstâncias dadas, tomar na devida consideração também os outros e reconhecer o seu direito, mostra a nossa disposição ética e faz de nós próprios sujeitos de um valor absoluto e, contudo, apenas sujeitos que têm uma forma de valor inalienável, mas em que, nós e a nossa vida, temos, por aí, apenas um valor relativo, na medida em que, com uma forma ética igual (enquanto verdadeiramente dispostos à vida ética), poderíamos conferir um sentido muito mais elevado à nossa vida. Este sentido seria tanto mais elevado quanto maior fosse o círculo de homens bons, ou seja, dos que partilham igual disposição. E porque o nosso mundo circundante humano teria um valor superior, seria já a nossa vida, a ele referida, uma vida mais bela, de valor superior. A vida comunitária realiza-se, porém, em atos sociais, em motivações pessoais, das quais resultam obras culturais comunitárias **<48>**, obras em que cooperam as forças "unidas" de muitos e muitos indivíduos, seja na forma do querer comunitário e da posição comunitária de fins, seja na forma do querer individual, da posição individual de um fim e do agir individual, o qual é, porém, exigido pelos que conosco convivem e que estão cointeressados pela disposição ética, ou que são comotivados pelo seu exemplo. Assim, o nível de valor global do indivíduo depende do dos outros, e, correlativamente, a própria comunidade não só tem um valor cambiante, e eventualmente crescente, através do valor cambiante dos indivíduos e do número crescente de indivíduos com valor – de um modo somatório –, mas a comunidade tem também valor enquanto unidade de uma comunidade de cultura e enquanto domínio de valores fundados, que não se dissolvem em valores singulares, que estão antes fundados no trabalho dos indivíduos, em todos os seus valores de singularidade, e lhes conferem um valor superior, e mesmo incomparavelmente superior.

Em conexão com isso, torna-se claro que comunidades concretas, em organizações e culturas comunitárias, só podem ser autênticas comunidades humanas quando têm o seu suporte em homens singulares autênticos (homens da forma descrita pelo imperativo categórico), que a altura do valor do homem singular e o da comunidade concreta estão em uma relação funcional, e, em particular, é claro que as formas de vida, de eficiência, de configuração da cultura em que uma comunidade é concretamente e em que, no conjunto, tem a sua forma típica determinada, devem ser de grande significado valorativo: tais formas devem estar sob normas que apresentem a condição de possibilidade de uma comunidade plena de valor e que, *eo ipso*, encerrem o valor relativo dos indivíduos singulares.

O fato mais significativo é, porém, que a comunidade não é um simples coletivo dos indivíduos singulares, e que a vida comunitária e as realizações comunitárias não são um simples coletivo da vida singular e das realizações singulares, mas antes que, através de todo ser e viver singulares, perpasse uma unidade da vida, se bem que fundada na vida singular; que, por sobre os mundos circundantes dos indivíduos, perpasse um mundo circundante comunitário neles fundado; que, nas realizações dos indivíduos, se constitua, como algo próprio, uma realização global nelas fundada. E, finalmente, o fato mais significativo é que, por sobre os sujeitos singulares e os sujeitos de diferente nível, até a personalidade livre em sentido pleno, **<49>** se construa uma subjetividade comunitária neles fundada, com o que, no seio da que é fundada de modo mais englobante, também outras subjetividades comunitárias possam ser, ao mesmo tempo, instituídas, as quais, por sua vez, são, porém, elementos integrantes ou membros da mais englobante. Estas subjetividades fundadas podem ter também vários níveis e, no nível superior, o nível da personalidade; uma comunidade, enquanto comunidade, tem uma consciência, mas, enquanto comunidade, pode ter também uma autoconsciência no sentido pleno do termo, pode ter uma autovaloração e uma vontade para si própria dirigida, uma vontade de autoformação. Todos os atos da comunidade estão fundados nos atos das singularidades que a fundam. Daí a possibilidade de que, do mesmo modo que o sujeito singular pode tornar-se um sujeito ético ao se referir a si próprio valorando e querendo, precisamente o mesmo valha para uma comunidade, com o que os sujeitos singulares, já eticamente referidos a si próprios, e as suas reflexões éticas sobre si e a sua comunidade (que, relativamente a eles, se deve designar como "mundo circundante"), formem necessariamente os pressupostos essenciais. Pertence também por essência a essa situação que as reflexões dos indivíduos singulares experimentem uma comunalização, que se propaguem em um "movimento" social (um análogo da propagação física, mas totalmente novo e próprio da esfera comunitária), motivem efeitos sociais de tipo peculiar e, finalmente, no caso limite ideal, uma direção da vontade para a autoformação e a reformação da comunidade enquanto comunidade ética – uma direção da vontade que seja da própria comunidade, e não uma simples soma das vontades fundantes dos indivíduos singulares.

Tudo isso está, agora, submetido à investigação científica, e, decerto, também a uma investigação formal e apriorística, só ela principial. Trata-se, portanto, de captar a ideia de homem e de uma comunidade humana de vida na generalidade "formal" ou "principial"; de edificar todos os conceitos que lhe pertencem, como mundo circundante individual, mundo circundante comunitário, mundos circundantes físico, orgânico e animal, e, finalmente, o próprio mundo circundante humano; trata-se de distinguir e de desenvolver sistematicamente as formas formalmente possíveis de comunidades, que estão determinadas de modo finito, mas que estão abertas ao infinito (por exemplo, casamento, amizade – Povo, Igreja, Estado), de normalizar, sob ideias éticas, tanto a elas próprias como às formas de vida correspondentes e, por conseguinte, de elaborar cientificamente as correspondentes ideias normativas.

<**50**> Uma questão científica é, então, a de como, partindo de níveis inferiores de valor e de valores negativos, a caracterizar formalmente, pode ser possível um devir e, de seguida, um desenvolvimento propositado para níveis mais elevados; quanto a saber se, em geral, uma comunidade que simplesmente se deixa viver passivamente, que não é

constituída pessoalmente, tem uma valia positiva e pode mesmo ter o valor supremo, é uma questão já antes decidida; a questão será, então, sendo reconhecido que apenas uma comunidade pessoal, que a si própria se ponha sob um imperativo categórico social, pode preencher as condições para uma comunidade plena de valor enquanto comunidade e, com isso, ter uma forma absoluta de valor, a questão é saber como a comunidade vai do nível da simples comunidade de vida até o nível de uma comunidade pessoal e, de seguida, de uma comunidade eticamente pessoal; isto envolve, de modo principial, que a consciência ética singular tenha despertado e se tenha tornado determinante da vontade nos indivíduos singulares; que, antes de tudo, a ideia de comunidade ética deva ser a forma intencional nos indivíduos singulares, mesmo que o seja com um horizonte ainda obscuro, portanto, não na clareza última etc. Finalmente, há que examinar cientificamente como uma comunidade ética - que, portanto, deverá transportar em si, enquanto tal, uma vontade de autoformação pessoalmente constituída e a correspondente ideia-final (a sua "verdadeira" identidade própria) - pode adquirir níveis superiores de valor e um *desenvolvimento progressivo*, no quadro desta forma normativa, doadora de valor de um modo absoluto. Há que examinar que possibilidades existem de que, em uníssono, a força ética, a firmeza ética, a intelecção ética concreta e a motivação da vontade através da intelecção, o valorar reto e, como base de tudo isso, o conhecimento da autêntica hierarquia dos valores, se desenvolvam como equipamento ético para o indivíduo singular e, em unidade com isso - estando aí fundado, mas sendo, no entanto, algo novo -, se desenvolva o correspondente para a própria comunidade, que ela progrida para níveis sempre superiores. Há que examinar se isso não exige a posição consciente de uma meta, e se esta posição da própria meta não deve entrar no teor do imperativo categórico do indivíduo singular e da totalidade.

Tudo isso é matéria da ciência, da ciência ética indissociavelmente una, que indissociavelmente abarca a ética individual e a ética social, que pressupõe uma doutrina formal da comunidade e que só pode ser, ela própria, enquanto doutrina ética dos princípios, uma ciência ética formal.

Contudo, a própria Ciência é uma das formas de cultura, domínio de uma possível vida de comunidade e das suas realizações comunitárias. **<51>** Tal como a Ciência em geral, também a ciência ética o é. Com o que ambas, Ciência em geral e Ética, estão sob a norma ética, sob o imperativo categórico. Assim como os sujeitos singulares e a subjetividade comunitária estão conscientemente retrorreferidos a si próprios e têm a sua forma suprema em uma subjetividade que a si se conhece, valora e quer, e certamente a si própria se forma segundo normas categóricas que para si própria põe, também a ciência principial desta subjetividade, enquanto saber que dá forma a si próprio, está retrorreferida a si mesma, e isto quer dizer: ela deve chegar a perguntar – e a responder cientificamente – em que medida a Ciência, especialmente a ciência ética, tem uma função ética na vida comunitária e singular; também desempenhará, de seguida, um papel – caso a ciência ética se deva tornar uma exigência – a questão de saber em que medida a ciência ética é, necessariamente, um meio, que deve desenvolver-se em uma comunidade para que ela própria possa atingir níveis principialmente mais elevados de valor e, em uma consequência mais lata, em que medida a Ciência, a Ciência universal, a Filosofia, deve necessariamente ser primeiro desenvolvida em uma dada comunidade, para que ela adquira a forma de uma comunidade ético-pessoal, de uma comunidade que conscientemente a si própria se forma segundo a ideia ética e que pode encetar o caminho de um desenvolvimento superior consciente.

Em suma: a pergunta pela eventual função necessária da Ciência – seja no primeiro desenvolvimento, seja no desenvolvimento por ascensão progressiva (desenvolvimento no sentido de um continuado escalar de valores) – para uma coletividade humana que se determine a si própria à Humanidade e que esteja consciente de si segundo esta ideia-final.

Uma coletividade humana é, de um certo modo, despertada para a Humanidade quando o são, nela, os indivíduos singulares e quando estes, vendo para lá de si próprios, conceberam como ideal não apenas a ideia do homem que se autodetermina ao bem, mas ainda a ideia de uma comunidade dos bons, e quando querem dar a esta representação uma possibilidade concretamente articulada e a pensam como possibilidade prática. A coletividade humana enquanto coletividade não fica, com isso, despertada para uma *autoconsciência autêntica*, nem despertou ainda enquanto verdadeira coletividade humana.

Essa, porém, pode bem despertar em certas outras formas. Podemos pensá-lo da maneira que se segue. Porquanto o homem individual ético <**52**> tenha reconhecido o valor de uma vida racional e, em relação aos outros, o valor da moralidade, o igual valor de todos os homens na medida em que sejam bons ou queiram o bem em cada caso singular etc., e, com isso, o valor preponderante de uma comunidade dos bons e de uma correspondente vida comunitária, porquanto tenha reconhecido que cada ser racional, pelo simples fato de ter também reconhecido isto de modo correspondente, assim deverá também julgar, valorar e contribuir de bom grado para a sua realização na medida das possibilidades, aparecer-lhe-á, então, como uma possibilidade prática ganhar os outros por meio da prédica moral e, em geral, da doutrinação ética, e criar, assim, um movimento espiritual pela via da influência sobre os outros, que, pelo seu lado, propagariam o efeito (o princípio de Huygens no plano espiritual).

Aqui, também seria pensável que os indivíduos singulares ou, no movimento gradativo, alguns indivíduos particularmente dados à reflexão, chegassem ao reconhecimento de que uma vida plena de valor para os indivíduos e para todos estaria codependente de um conhecimento do mundo – portanto, seria pensável uma motivação que estaria dirigida para o desenvolvimento de um interesse teórico pelo mundo, mas em função do interesse ético. Isto poderia, desde logo, conduzir a uma sabedoria intuitiva geral a respeito do mundo, a uma teoria e a uma práxis que seriam difundidas pelos indivíduos oral e literariamente, e também por meio da educação. É também compreensível que os indivíduos com igual disposição, sem entrar, contudo, em contato pessoal, se encontrem conscientemente relacionados uns com os outros e conscientemente se unam sob a ideia comum de uma Humanidade verdadeira e de uma "Ciência" universal que a sirva, enquanto sabedoria do mundo. Mais ainda, é compreensível que, a partir disso, se difunda um movimento progressivo da vontade que conscientemente estabeleça, desde logo naqueles que têm uma igual disposição, uma consonância das vontades, uma unidade de direção da vontade para a progressiva realização destas ideias comuns e que, assim, a comunidade progrida ao encontro da ideia prática, que a guia, de uma comunidade de indivíduos bons que vivam, todos eles, na consciência do ser e do dever-ser de uma comunidade a conservar pelo constante trabalho sobre si e pela constante aculturação, sob a forma da educação dos que dentro dela crescem. Esta comunidade não seria mais uma pura coleção de indivíduos com igual vontade e de acordo com iguais ideias, mas estaria já constituída uma vontade comunitária; através da unidade das vidas, dos sujeitos e das volições singulares perpassaria **<53>** uma vontade comunitária, do mesmo modo que, digamos, o conjunto dos matemáticos forma, agora, uma comunidade de vontade, na medida em que cada trabalho singular vale para a mesma ciência una, é um bem comum destinado a todos os outros matemáticos, tira partido de todos os outros trabalhos, e que, em cada um, está presente a consciência da totalidade e da finalidade comum, bem como do trabalho em intercâmbio que deve ser requerido. Há aqui uma vinculação universal das vontades que estabelece uma unidade da vontade, sem que haja uma organização imperialista das vontades, uma vontade central, em que todas as vontades singulares se centrem, a que todas elas voluntariamente se submetam e de que se saibam funcionárias.[10] Está aqui presente a consciência do fim comunitário, do bem

10 **N.A.:** Poderíamos também falar, aqui, de uma unidade comunista das vontades em contraposição a uma unidade imperialista.

comum que deve ser exigido, uma vontade-total de que todas se sabem funcionárias, mas enquanto funcionárias livres e não subjugadas, com uma liberdade de que jamais podem abdicar (outra coisa se passa em organizações de vontade especiais, como as academias etc.).

Isso é, porém, um outro nível, em que se desenvolve um espírito ético comum e a ideia comunitária ética adquire a força e o caráter de uma ideia-final progressiva da própria comunidade. É preciso observar que esta ideia-final pode ser especialmente designada como sendo a da própria comunidade, quando uma "classe" universal de funcionários desta ideia alcançou uma autoridade válida em geral na comunidade. O modo como isto deve ser compreendido mostra-o a autoridade dos filósofos e das suas filosofias na Antiguidade, ou a do clero em comunidades abraçadas pela unidade de uma Religião. Certamente que há a questão a respeito da fonte desta autoridade, a qual é diferente para a representação religiosa, para uma Religião que se formou originariamente de modo ingênuo, se difundiu e se foi formando tradicionalmente, e para a representação de uma filosofia que se formou em uma atividade originariamente criadora e que prossegue o seu desenvolvimento sob a forma de uma atividade de retomada e de recriação.

Nesse segundo caso, surge na comunidade, juntamente com uma classe representativa da sabedoria acerca do mundo, também a própria Sabedoria, enquanto forma de cultura permanente e em autodesenvolvimento, enquanto Filosofia. Ela é um reino peculiar de valores ideais objetivos, mas não apenas de valores genericamente aparentados **<54>**, de valores que são coletivamente unitários para uma visão sinótica, mas que estão, antes, conectados em um sistema e que se reúnem para formar um valor global superior. Disto resultam relações peculiares.

Por um lado, reconhecemos que a condição de possibilidade para que se constitua uma autêntica comunidade racional é a de que se estabeleça, por sobre os indivíduos singulares que filosofam, uma classe de filósofos e uma forma objetiva do bem comum, ou seja, um sistema cultural desenvolvendo-se objetivamente – a Filosofia. Os filósofos são os representantes por vocação do espírito da razão, o órgão espiritual pelo qual a comunidade chega originária e continuadamente à consciência da sua verdadeira destinação (da sua verdadeira identidade), e o órgão vocacionado para a propagação desta consciência no círculo dos "laicos".

A própria Filosofia é o condensado objetivo da sua sabedoria e, com isso, da sabedoria da própria comunidade; nela, a ideia da reta comunidade, por conseguinte, a ideia-final que a própria comunidade formou através da sua classe de filósofos, está documentada e, nesta forma objetiva, está a cada momento pronta para cada filósofo, enquanto órgão da comunidade (ou seja, para qualquer laico, que, enquanto membro da comunidade, a recompreenda), para ser atualizada e para exercer a influência correspondente. Do mesmo modo, todo o conhecimento do mundo objetivado na Filosofia é, em todos os momentos, um meio pronto para possibilitar uma intervenção racional no mundo circundante, em uma forma racional que é superior a qualquer prudência prática pré-filosófica.

Por outro lado, a Filosofia é, porém, um reino de valores próprios ideais objetivos (valores absolutos). Cada criação de valores ideais objetivos eleva o valor do homem que os cria, e a criação é, em e por si mesma considerada, um estrato de vida absolutamente plena de valor. E porque cada um de tais bens é um bem comum, o mesmo é válido para a própria comunidade, que, obrando dessa maneira, é uma comunidade que realiza algo absolutamente pleno de valor e, com isso, vive já na dimensão que o fim de uma Humanidade superior exige.

<II. A forma de valor superior Humanidade-propriamente-humana>

Consideremos agora a superior forma de valor de uma Humanidade vivendo na autoformação e desenvolvendo-se em direção a uma humanidade autenticamente humana. <55> Ela é aquela em que a Filosofia, enquanto sabedoria do mundo, tomou a forma da Filosofia enquanto Ciência Universal estrita, na qual a razão se enformou e objetivou na forma do "*logos*".

Desenhemos de pronto o ideal. A Ciência Estrita, fundamentando o conhecimento da verdade objetiva através do seu método de uma evidência omnilateral, que se estende até as últimas raízes do conhecimento, investiga todas as formas e normas possíveis da vida e do devir humanos, da vida individual e comunitária, do devir da personalidade singular e do devir das comunidades pessoais possíveis, e, de modo especial, naturalmente, em conformidade com as normas do devir da "autêntica" humanidade e da comunidade "autenticamente humana". Com isso, as esferas mais vastas e idealmente asseguradas de possibilidades práticas devem ser prefiguradas, para levar a humanidade, na qual a Filosofia surgiu ou está em crescimento, pelo caminho de um desenvolvimento até a humanidade autêntica; a Filosofia Social Estrita e, especificamente, portanto, a doutrina social da razão oferece a teoria que deverá funcionar na prática, que se deixa adaptar às relações concretas dadas. Na medida em que descreve e determina cientificamente essas relações, e as refere retrospectivamente à teoria das puras possibilidades, a própria Ciência fornece as normas de aplicação, edifica-se como uma ciência "técnica". Assim adquire a comunidade, nos seus homens de ciência (filósofos, enquanto homens de ciência rigorosa), uma autoconsciência incomparavelmente superior, enquanto consciência da forma e da norma do seu ser autenticamente humano, bem como dos métodos de realizá-lo e de a si própria se pôr no caminho de um desenvolvimento progressivo.

Há que observar desde já que tudo isso não deve ser compreendido em sentido estático, mas, sim, dinâmico-genético. Ciência Estrita não é ser objetivo, mas antes devir de uma objetividade ideal; e se ela é, por essência, apenas no devir, também é apenas no devir a ideia de humanidade autêntica e dos seus métodos de autoformação. Assim como o devir da Ciência, desde que ela atingiu o nível da Ciência Estrita, do verdadeiro *logos*, é um sistema em devir de valores absolutos e de valores já realizados em cada nível - apenas com um horizonte de mais incrementos e elevações de valor -, também o é a comunidade que a si própria se forma e que se apropria da sua ideia. Ela tem, já a este nível **<56>** e em cada fase do seu devir, a sua ideia, e tem-na na verdade absoluta, mas a diferentes níveis de determinação da profusão de exigências particulares. Em cada nível, tem ela ainda horizontes abertos, indeterminações determináveis.

A Ciência, suportada pela autoridade da perfeita intelecção e suscitando um reconhecimento geral, e a vontade comunitária, por ela motivada, de regular a vida no seu todo no sentido da razão lógica, determinam, agora, a comunidade a não seguir simplesmente a Ciência no que respeita às convicções teóricas, mas também a deixar-se conduzir por ela *técnico-praticamente*. A *técnica* de que aqui se fala é, porém, a técnica "ética", a técnica da autorrealização da autêntica humanidade. Por conseguinte, a determinação da vontade está dirigida para a transformação da vida comunitária em todas as suas formas prévias correspondentes, para pôr as instituições comunitárias diante das suas verdadeiras normas (as normas da sua respectiva forma particular de autenticidade) e, de seguida, para configurar todo o humano em geral nas suas vinculações, tanto na esfera do individual como na do comunitário.

A Ciência Estrita não desempenha, porém, o seu papel eticizante apenas enquanto Ciência do Espírito, sob a forma aqui indicada; ela tem também a tarefa basilar de investigar todas as realizações que se consumam na atividade pessoal, tanto singular como comunitária, segundo as suas formas e tipos fundamentais, determinar os seus princípios normativos e as suas formas normativas e, com isso, tratar os diferentes domínios possíveis de cultura e as suas formas normais. Ao fazê-lo, investiga também, referindo-se retrospectivamente a si própria, enquanto Teoria da Ciência, as suas próprias possibilidades de essência e as condições normais da sua possibilidade. Nesta retrorreferência, cria por vez primeira as possibilidades práticas de realizar a forma de Ciência Estrita – e de desenvolvê-la em uma autodeveniência continuada. O desenvolvimento da *Teoria da Ciência* universal (teoria da razão e Lógica) é ele próprio um órgão e um motor de desenvolvimento da humanidade em direção a uma humanidade que se transporta até uma autorrealização superior e, por outro lado, a Teoria da Ciência, tal como a Ciência Estrita, que nela se origina, é um elemento basilar de uma cultura superior no sentido objetivado, no sentido do mundo de valores espirituais e objetivos que se edifica enquanto correlato do desenvolvimento racional da humanidade. Em virtude desta sua <57> assinalada função de cultura, Doutrina da Ciência e Ciência Universal têm elas próprias uma posição assinalada perante o domínio cultural da Arte, pelo que não deverá ser demonstrável que à Arte compita necessariamente uma função análoga (como Schiller pretendeu mostrar).

A Ciência não tem, porém, significado somente em quaisquer esferas ou linhas de investigação limitadas; ela exerce as suas elevadas funções precisamente como ciência absoluta e universal, mesmo abstraindo do fato de que ela, como ciência universal, torna o homem capaz de conhecer o todo das efetividades e das possibilidades segundo leis fatuais e de essência e, por essa via, lhe oferece um reino de valores humanos grande e belo até o excesso, enquanto correlato de uma grande e bela vida de conhecimento. Não apenas porque ela, como ciência da natureza, torne o homem capaz de transformar tecnicamente a natureza segundo as suas necessidades práticas, tal como, por outro lado, as ciências do espírito podem também ser úteis, do ponto de vista prático, para a práxis pedagógica, política etc. As utilidades estão submetidas a normas éticas e, assim, elas só devem ser, em si mesmas, tomadas relativamente. A Ciência Universal e ultimamente fundada é Filosofia científica, e torna ultimamente cognoscível o todo das efetividades e das possibilidades, faz despontar o entendimento do "sentido" do mundo e, por via disso, a possibilidade de uma vida que tem o caráter de uma vida absoluta consciente de si própria, de uma vida que, vivendo, realiza o sentido absoluto do mundo, realiza-o no conhecer, no valorar, nas formas estéticas criativas e na ação ética em geral.

De seguida, é também matéria da Ciência Estrita examinar - por um lado, na pura consideração de essência, nas puras possibilidades, por outro, na consideração fatual concreta - em que medida a comunidade de vontade, suportada pela simples autoridade da razão livre e pela classe dos ilustrados e, mais genericamente, pela formação (submetendo-se voluntariamente à autoridade da Ciência, do mundo ilustrado), pode ser transposta em uma comunidade imperial, ou seja, em uma comunidade em que todos os sujeitos de vontade singulares estejam incluídos em uma centralização da vontade, na forma de uma organização de poder do "mando" e do "serviço", em que cada um tem de cumprir as funções que lhe foram atribuídas e só pode decidir livremente a partir de si próprio dentro dos limites que lhe foram prescritos. São em geral todas as formas possíveis de organização, e assim as **<58>** formas estatais na sua significação ética, que devem ser investigadas, e particularmente a questão de saber se, por essência, uma humanidade, como uma comunidade de vida que só é em devir, só se pode aproximar do ideal de uma comunidade ética de vontade a partir da razão livre pela via ou por meio de um Império, de um Estado. Do mesmo modo, há a questão de saber se todos ou apenas alguns domínios da vida e da cultura podem ser regulados pelo poder do Estado, ou quais não o podem, em que medida o progresso do desenvolvimento ético resulta em um desmoronamento gradual da organização de poder do Estado etc.

Em todo caso, do mesmo modo que um homem singular só é ético porquanto o devenha, e enquanto o devém pelo constante combate e progresso ético, assim também, por essência, a comunidade ética é uma comunidade em devir e em progresso. De ambos os lados, está, porém, de antemão pressuposta a forma da humanidade ética, enquanto forma em que despertou a autoconsciência ética e em que a ideia-final, aí constituída, da autêntica humanidade é determinante para uma autoeducação e autoformação. Esta forma absoluta de valor determina, de seguida, as formas de valor mais alargadas, as do desenvolvimento ético enquanto elevação (forma de desenvolvimento de valor positivo) ou decadência, enquanto forma de desenvolvimento de valor negativo.

Além disso, há que examinar a questão de saber como as relações entre Estado e Nação devem ser ordenadas, como há que determinar a ideia de Nação, enquanto ideia ética particular, como deve ela funcionar enquanto ideia-final prática, que organizações nacionais são para isso requeridas e como podem tornar-se organizações da vontade. Nisso, é também importante a questão do valor e do direito peculiares da tradição "antiga e venerável", em que medida o histórico deve ser tomado em consideração, mesmo quando, como "relíquia", perdeu o seu sentido racional originário, e sob que circunstâncias deve ser suprimido em prol de valores com uma racionalidade intrínseca.

Finalmente, há a questão de saber se cada humanidade cultural fechada se tomou, enquanto ética, a forma de uma "supranação" por sobre todas as nações singulares e, eventualmente, a de um Superestado, acima de todos os estados singulares, deve, enquanto estrutura fechada, fechar-se também ao exterior, ou se não será eticamente exigido deixar crescer uma comunidade ética pelo mundo inteiro – tão longe quanto se estenda a possibilidade do entendimento mútuo e, com ele, da **<59>** comunalização. Assim, somos chegados à ideia última de uma Humanidade ética universal, de um Povo mundial verdadeiramente humano, por sobre todos os povos singulares, e de Superpovos, de culturas unitárias que os abarquem, e também à ideia de um Estado Mundial, acima de todos os sistemas estatais singulares e de todos os estados individuais.

<59> TIPOS FORMAIS DA CULTURA NO DESENVOLVIMENTO DA HUMANIDADE[11]

<I. Os níveis da cultura religiosa>

<A. A Religião "que despertou naturalmente">

1. O animal vive sujeito a meros instintos, o homem vive, também, sujeito a normas. Através de todos os tipos <de> atos de consciência, surge uma consciência normativa, com eles entretecida, do correto e do incorreto (do ajustado, desajustado, belo, feio, finalizado, não finalizado etc.), e é motivado um agir efetivo correspondente, objetivo e social, que conhece e valoriza. Mas não apenas em um caso isolado: pois o homem, possuindo uma consciência universal, como não possuiria também uma consciência de normas universais, a consciência "devo, absolutamente, não agir desta forma, ou agir desta forma"? A norma pode referir-se a pessoas singulares, a grupos ou à totalidade dos homens: assim, deve, em geral, cada um comportar-se dessa maneira, especialmente cada soldado, cada sacerdote etc.

As normas podem ser conscientes como valendo faticamente, como leis arbitrariamente fixadas pelos detentores ocasionais do poder, ou como tradição ocasional "valendo apenas uma vez", ilegítimas, condicionadas ocasionalmente, como os costumes que mudam de região para região e, além disso, de época para época. Mas as normas podem também ser conscientes como valendo absolutamente, sob a forma de um "eu devo" e "não me é permitido" absolutamente incondicionados, por exemplo, como mandamento divino, onde o "divino" **<60>** exprime pre-

11 Artigo de 1922-23, para a revista *Kaizo*, que permaneceu por publicar [Nota da Hua].

cisamente um princípio do qual surgem valores absolutos, imperativos incondicionados e "categóricos".

2. Em cada cultura altamente desenvolvida, ou na humanidade ativa em múltiplas formas culturais e que se configura progressivamente a si mesma, encontramos uma forma cultural peculiar, a saber, a "Religião". A Religião, para a consciência humana, não significa apenas o mero alargamento da experiência do mundo de coisas, de animais e de homens, atuante e familiar, para as forças cósmicas que dominam a totalidade do mundo, nem apenas as configurações vitais regulares, as prescrições, os cultos etc., que têm como finalidade chegar a uma referência prática correta a essas forças, ganhá-las para si, e coisas semelhantes. A Religião significa antes (em sentido específico) o nível superior da cultura mítica, no qual estes seres transcendentes são absolutizados como divindades, como estabelecedores das normas absolutas, que comunicaram e revelaram aos homens e em cuja obediência os homens encontram a sua salvação. O desenvolvimento da consciência normativa e o desenvolvimento da Religião estão, com isso, entrelaçados, e uma figura totalmente peculiar do desenvolvimento da Religião e, em certo sentido, figura suprema, é caracterizada pelo fato de se transformar em um poder socialmente organizado da vontade, que não quer apenas tomar a seu cargo a educação em um domínio qualquer da vida (por exemplo, um domínio entregue à liberdade privada), mas, sim, na totalidade da vida comunitária segundo todas as suas atividades e, na verdade, de modo que quer reconduzir tudo e cada coisa a normas absolutas divinas, a uma exigência e direção absoluta divinas.

Essa forma de cultura religiosa, através da qual a totalidade da cultura, depois de todas as formas culturais, se torna uma cultura religiosa, formada, nomeadamente, por normas religiosas, pertence às formas mais antigas da cultura altamente desenvolvida; já a antiga cultura babilônica vive na ideia prática da *civitas dei*, tem a forma do estado hierárquico, no qual, intencionalmente, todas as atividades e ordenações individuais e sociais, as instituições têm as suas normas absolutas derivadas da revelação divina, de acordo com as quais são efetivamente formadas e, assim, salvas. Aqui, a Religião é, na verdade, também o nome para um âmbito cultural que deve ser contemplado por si próprio, a saber, como organização eclesial, como sistema de formação e objetos cultuais, como ordenação dos locais de culto etc., assim como de preparação sistemática progressiva de uma Teologia, como preparação metódica <**61**> das fixações dogmáticas e das elaborações pensantes do sistema da crença, segundo os lados da interpretação religiosa do mundo, da fundação de prescrições cultuais sempre novas, de normas religiosas sempre novas para a configuração da vida comunitária e da vida privada que se passa nas suas formas. Mas é próprio de uma cultura hierárquica que a Religião não seja um âmbito cultural próprio, mas, sim, uma norma formativa de toda a cultura e da totalidade da vida e, vistas concretamente, a vida normal e a vida religiosa recobrem-se. Os governantes, o Governo, o Direito, os Costumes, a Arte, tudo recebe da Religião o conteúdo e a forma valorativa, e uma Religião equipada, no desenvolvimento deste tipo cultural, com ligações normativas sempre mais ricas. Podemos também dizer que a Religião recolhe aqui, na forma de uma teologia sacerdotal, um sistema universal de todos os valores absolutos e, na verdade, em todas as referências, no conhecimento, na valoração e na ordenação prática da vida. Ela contém uma visão universal do mundo e uma ordenação sagrada universal. E porque ela é suportada por uma crença, que atravessa a humanidade cultural respectiva como crença viva, os homens não se sentem como que submetidos, como que escravizados, em todas estas ligações. Tudo está precisamente como deve estar e como não poderia estar de outra forma, para estar bem. Os fatos mundanos que a Religião exprime como verdadeiros são absolutamente verdadeiros, o que a Religião exprime como bom é absolutamente bom, o que ela exige para o agir prático é absolutamente exigido. É, justamente, uma exigência divina. Tendo sido criado na tradição religiosa, o homem experimenta cada nova revelação, ou cada nova exigência sacerdotal, como absolutamente legítima, na medida em que ela se realiza, justamente, através de formas absolutamente sagradas e no que foi transmitido como absolutamente legítimo. Não pode existir uma tensão entre autoridade e liberdade, tal como para os que estão sonhando não há uma consciência da ilusão, pois ela pressupõe, justamente, o estado de vigília.

No que diz respeito à vida comunitária e ao desenvolvimento cultural total que nela acontece, podemos, porém, dizer que tem a singular figura de uma vida, de um desenvolvimento, que tem em si uma ideia unitária de fim, uma ideia de fim objetivamente constituída na consciência comunitária e dirigindo voluntariamente o desenvolvimento. Tal como um homem singular pode trazer em si uma ideia de fim, para lá de todos os fins singulares, regendo conscientemente todos os fins singulares possíveis e todas as atividades finalizadas, uma forma reguladora consciente <**62**> da totalidade da vida ativa, também algo de semelhante ao que aqui vemos pode acontecer para uma humanidade vivendo em comunidade, vivendo em formas culturais e que, ao mesmo tempo, é uma humanidade que se configura a si mesma nelas. Trata-se de uma enteléquia, não naquele sentido impróprio em que atribuímos uma a cada organismo. Em consideração exterior e segundo a experiência, colocamos em um organismo que se encontra em crescimento normal, regularmente, um objetivo de desenvolvimento; ele cresce, de acordo com a experiência, diante de uma figura madura, a saber, a da sua espécie. Também colocamos em qualquer cultura, tendo em consideração as suas modificações permanentes, um objetivo de desenvolvimento, onde, conduzidos por um ponto de vista axiológico, observamos uma elevação progressiva dos valores e um culminar em uma figura de valores, tal como falamos de um desenvolvimento da arte grega até ao nível de um Fídias. Mas passa-se algo de completamente diferente no caso presente. Aqui, em uma comunidade cultural e na figura mais consciente, em um dos seus órgãos sociais (a casta sacerdotal), vive uma ideia de fim conscientemente constituída e uma vontade finalizada ativa para ela dirigida, que, de modo mediato, pertence à totalidade da comunidade e é suportada pelo seu querer em conjunto. Esta ideia de fim é a única regulamentação universal e absoluta da totalidade da cultura, sob o sistema de normas absolutas que devem ser deduzidas da revelação divina; ou, o que é o mesmo, da configuração sistemática da totalidade da vida, do esforço e do agir humanos e, com isso, da própria humanidade pessoal e do seu mundo circundante, em direção a uma humanidade "perfeita", correspondente a uma norma absoluta.

Essa forma particular de uma cultura religiosa, com a ideia de fim da *civitas dei*, tem, a seu lado, outras figuras da cultura religiosa, é, na verdade, na Religião, uma forma que se comunica a outras e, mesmo, a todas as outras formas culturais, mas não apresenta ao desenvolvimento cultural uma ideia de fim que reja atualmente este desenvolvimento e que o reja, não no modo de um mero ideal, mas, sim, de uma vontade unitária que atravesse a comunidade, de uma vontade dirigente sacerdotal consciente no sentido desta ideia e, correlativamente, de uma vontade dos leigos subordinada segundo o dever religioso.

Descrevemos, desse modo, *um primeiro tipo de cultura*, que contém em si um princípio normativo universal abrangente, ou um sistema de princípios, para todo o valor teórico ou prático; **<63>** uma cultura não é uma multiplicidade em geral de atividades e de realizações comunitárias, que se consolidam em uma típica universal e que se dirigem em conjunto para unidades de figuras culturais em desenvolvimento; pelo contrário, uma norma unitária dirige todas estas figuras, impõe-lhes uma regra e uma lei e esta norma está, ela própria, viva na consciência da comunidade e é, ela própria, objetivada como cultura, é uma norma que se configura historicamente, chamada "Religião".[12]

12 **N.A.:** Este primeiro tipo necessita de um nome particular. A cultura é, aqui, cultura "naturalmente desenvolvida"? Mas mais conveniente!

<B. A figura do movimento de liberdade religiosa>

Uma cultura hierárquica, tal como a babilônica ou a judaica, possui, apesar da consciência de finalidade, o caráter de uma certa ingenuidade e, apesar do cumprimento voluntário, de alegria na fé, das prescrições religiosas, o caráter da não liberdade. Ambos resultam do mesmo. A fé é uma fé herdada e, como já foi dito, cada novo estabelecimento, até mesmo cada fixação de uma nova revelação, recebe o seu crédito de fontes de força do já herdado e da adaptação do novo ao antigo. *Liberdade* é um termo para a faculdade e, antes de mais nada, para o hábito adquirido de atitude crítica relativamente ao que se apresenta à consciência, em primeiro lugar, sem reflexão, como verdadeiro, como pleno de valor, como devendo ser de um ponto de vista prático e, na verdade, como fundamento para o decidir livre, que se realiza em consequência disso. Por conseguinte, é melhor fazer regressar a liberdade ao decidir livre, a cuja essência, justamente, pertence ter sucesso "na base" da convicção, liberdade perfeita, pura liberdade de uma atitude, não a partir da *coação*. A liberdade pessoal universal está diante de uma decisão singular livre. Uma expressão para uma atitude crítica habitual em relação a tudo o que se apresenta, diretamente, como tendo valor, até mesmo, por exemplo, como norma absoluta de valores. A faculdade da crítica pertence à essência do homem, ele exerce-a na vida prática, mesmo que imperfeitamente, suficientes vezes, "delibera", "pondera", se os fins e os meios são, efetivamente, fins e meios corretos, e sem abandonar logo, por isso, as suas convicções anteriores, coloca-as, pondo-se na atitude crítica, <**64**> em questão, e inibe assim, durante a crítica, a efetividade das convicções, reflete sobre a medida em que elas merecem crédito. Mas, assim, pode tratar-se de cada convicção naturalmente realizada, pode perguntar-se pela sua legitimidade, por conseguinte, também, de cada convicção que surge com a reivindicação de norma absoluta. A sua reivindicação tem de comprovar-se, o próprio fundamento de legitimidade do que reclama ser fundamento de legitimidade para outros quer ser claramente posto. A própria fé religiosa deve admitir a crítica da sua verdade, do seu direito. O hábito de livre crítica surge, necessariamente, de um hábito passado de teoria ingenuamente confirmada e de convicções práticas, portanto, necessariamente, em uma comunidade já formada religiosamente, na qual todas as normas que se apresentam absolutamente remetem o seu fundamento de legitimidade para a fé, cujo fundamento de legitimidade permanece fora de questão, porque forças de ânimo subjetivas e invencíveis impedem o pôr em questão, como sendo uma injúria a Deus.

A liberdade pode, então, desenvolver-se em uma dupla figura e ganhar significação como um movimento de liberdade que se expande para novas formas de uma cultura: 1) na figura de um movimento de liberdade religiosa; 2) na figura de um desenvolvimento de livre ciência e, em primeiro lugar, fora da relação com a atitude religiosa, mas, depois, certamente, em uma cultura que não tenha imposto o conhecimento através de ligações e constrangimentos religiosos.

As condições de desenvolvimento da primeira são dadas em uma nação que progrediu até a altura de uma regulamentação vital plenamente desenvolvida e hierárquica, nomeadamente, quando a Religião deixa de realizar aquilo que é evidentemente chamada a realizar para um povo ligado à divindade por meio da "lei revelada". Se ela concede, em oposição às suas promessas, não mais a salvação nacional e a salvação pessoal nela encerrada, a explicação imediatamente evidente perde a sua força devido a muitas quedas pecaminosas em relação aos mandamentos divinos, e se o sofrimento ainda aumenta, depois de penas voluntariamente suportadas e de abundantes penitências, então estão já dadas as condições para uma atitude mais livre em relação à tradição e à exteriorização tradicionalista que se introduziu inevitavelmente no desenvolvimento histórico. O indivíduo e membro de um povo, necessitado de salvação, recorda-se, de novo, da sua relação e da do seu povo com o seu Deus.

Com isso, pode também, em medida particular, tornar-se efetiva a espiritualização que pertence a cada desenvolvimento cultural progressivo normal <**65**> das representações religiosas; os valores puros e autênticos e os tipos normativos que se realçam intuitivamente, em múltiplas figuras concretas, na vida comunitária saudável que progride e se diferencia, são projetados no domínio religioso. No conteúdo total da Religião, cresce, assim, um núcleo cada vez mais rico de conteúdos valorativos intuitivamente compreensíveis e atravessados por uma lúcida evidência, revestida de uma faticidade irracional; para a unidade da crença, vão lado a lado, inseparavelmente, a compreensão intuitiva e a irracional. Em medida cada vez maior, este núcleo racional ganha o tom dominante, para o homem superiormente desenvolvido, com as suas necessidades normativas de intelecção no conteúdo da fé, e transforma-se na força que suporta a totalidade da fé.

Se surge, então, uma livre atitude em relação à Religião, sob a forma de comprovação crítica, que realiza o enraizado religiosamente na sua posição própria e na do seu povo, relativamente a Deus e às suas verdadeiras exigências, tal como podemos compreendê-lo no caso de Cristo, então consuma-se uma crise na Religião, pelo fato de os conteúdos valorativos intuitivos serem salientados em uma intuição mais viva, pelo fato de o indivíduo, que se move religiosamente, progredir, de forma viva, na sua direção de intuição para intuição e criar uma representação de Deus e uma representação das exigências divinas para com os homens e para com um povo de Deus que é construída, puramente, a partir de tal intuição, por conseguinte, a partir de puros conteúdos valorativos, que conservam, da tradição, como um resto de faticidade irracional, os mesmos quadros míticos. A intuição unitária conserva aqui o caráter de uma unidade originária da experiência religiosa, por conseguinte, também, de uma relação originária vivida com Deus, na qual o sujeito desta intuição não se define como interpelado por um Deus que se encontra exteriormente diante de si e como o suporte de uma revelação que se deve comunicar, mas, sim, sabe-se como vendo Deus em si, como estando unido originariamente a ele, por conseguinte, como sendo ele próprio uma corporização da luz divina e, assim, um mediador do anúncio da essência divina, a partir de um conteúdo da essência divina que foi introduzido em si mesmo. Por conseguinte, tal encontra-se, aqui, em lugar de uma reconfiguração da Religião a partir da força de valores e normas originariamente contempladas, que são introduzidas no mundo como o sentido de salvação que o configura, e, precisamente, a evidência de que um tal mundo, efetivamente, *animaria* o que vive na fé, na captação compreensiva deste sentido, no caso de, justamente, realizar em si mesmo a norma do bem e, com isso, tornar verdadeiro o seu sentido de salvação – precisamente esta **<66>** evidência é que dá força à própria fé e <a> fundamenta. A fé torna bem-aventurado e é verdadeira porque torna bem-aventurado, porque documenta o sentido de um mundo na atividade de uma vida plena de sentido.

Reside na tendência conceitual de uma tal libertação religiosa relativamente à força da fé dirigida pela pura intuição do valor, o fato de ela superar as ligações nacionalistas da salvação religiosa e persistir, com seriedade, em direção a uma Religião mundial. Deve ainda notar-se que a aceitação da revelação messiânica por outros tem lugar no modo de uma livre conversão, não na aceitação exterior de informações, mas, sim, na compreensão da experiência originária do fundador, por conseguinte, no experimentar de novo as suas intuições, e, assim, na reiteração do sentir compreensivo, age aqui, novamente, a força originária dos valores intuitivos e a totalidade da motivação correspondente; só que a relação a Deus não se produz imediatamente, mas, sim, por meio do mediador e da sua proclamação criada a partir de dentro: e foi assim o sentido da nova Religião, pelo que ela apresentou um novo tipo religioso, pois queria ser uma Religião, não a partir da tradição irracional, mas, sim, a partir das fontes (racionais, num certo sentido) da experiência religiosa originária. Pois mesmo o que nasce e é engendrado no interior da Religião deve obter a sua relação pessoal com Cristo e, através Dele, com Deus, a partir de intuições religiosas originárias; em um produzir efetivo de intuições religiosas por meio da mensagem de salvação que lhe pertence, por meio das narrativas transmitidas da vida de Cristo, das suas parábolas, testemunhos próprios etc., deveria tal tipo tomar interiormente um lugar livre, sentir-se em unidade com Deus e procurar na vida cristã a norma razoável de um acesso, sob a forma de um seguimento, ao reino de Deus.

Originariamente, a mensagem de salvação de Cristo dirige-se aos indivíduos necessitados de salvação, e não ao Estado judaico. É perfeitamente compreensível. Pois a tomada de posição religiosa que recorre à intuição originária de normas diz respeito, em primeiro lugar, ao indivíduo e a uma reviravolta da sua personalidade, a uma nova formação radical da sua consciência vital individual; uma transformação valiosa correspondente da ordenação social pressupõe homens de nova consciência e é naturalmente inferior em interesse. **<67>** Com isto, separa-se aqui a Religião (nomeadamente, a comunidade religiosa e a Igreja que se forma de novo) da restante vida cultural total; ela constitui uma existência cultural própria na totalidade da cultura, um domínio da vida pessoal própria e ligando pessoas, em face da totalidade da vida social e estatal anterior. Mas tal como o novo movimento, a saber, o da Religião livre, se espalha vitoriosamente no mundo antigo e, nele, a consciência da sua vocação a Religião universal toma a forma de uma esperança segura, tem também de surgir no seu horizonte a tarefa de uma configuração concreta da totalidade da vida cultural, com todas as suas ordenações estatais, no sentido da visão cristã do mundo, e tomar a força de uma enteléquia que domina o desenvolvimento da humanidade cultural. A nova Igreja tem de <procurar> ganhar influência nos estados existentes e, acima de tudo, no Império Romano, e ela própria tem de tomar em si a ideia de império que abarca o mundo inteiro, o sentido de uma Igreja que domina o mundo – que domina o mundo em sentido pleno e não apenas no sentido de um poder que determina e regula certas convicções privadas de todos os homens. Assim, à nova Igreja em formação está indicado o caminho de uma Igreja hierárquica e indicada a vocação para a formação de um Estado universal hierárquico, de uma *civitas dei*, na qual todas as ações sociais do homem, todas as ordenações e instituições sociais, todas as realizações culturais, são sujeitas a normas religiosas. A novidade desta ideia hierárquica nova não consiste tanto no abarcar o mundo (o que não podia ter permanecido estranho às antigas hierarquias, como a babilônica), como no fato de que a Religião, que aqui fornece o sistema das convicções normativas, se sabe como uma Religião a partir de intuições religiosas originárias, a partir de uma livre tomada de posição intuitiva-racional, como uma Religião da fé livre e racional, em vez de a partir da tradição cega.

Esse desenvolvimento realiza-se efetivamente, mas cruza-se com aquele outro movimento de liberdade, indicado acima, que tem as suas fontes, não na fé, mas, sim, no saber, mais precisamente, no desenvolvimento daquilo a que agora chamamos, simplesmente, Filosofia e Ciência. O que isto significa, sabemo-lo muito bem *in concreto*, a partir do nosso próprio estudo. Introduzamos ainda uma característica mais profunda, a saber, a do caráter peculiar daquela libertação que se realiza através dela e que, por fim, toma a forma peculiar de um **<68>** movimento de libertação sob a direção de uma ideia de fim conscientemente diretriz. Seja dito com brevidade o mais universal, apoiado no que é conhecido e que é suficientemente compreensível. A livre Filosofia e a Ciência, como função da razão teórica autônoma, desenvolvem-se na nação grega e determinam, em movimento progressivo, o desenvolvimento de um espírito universal de vida cultural livre a partir da razão autônoma, que se expande vitoriosamente para lá desta nação e cria a unidade de uma cultura helênica e, com isso, o específico elemento europeu. Mas sigamos agora o desenvolvimento do movimento cristão e da formação da figura cultural específica da Idade Média.

<C. A figura cultural religiosa da Idade Média>

Na medida em que ambos os movimentos culturais acima distinguidos, a saber, o alargamento mundial da cultura grega, formada cientificamente, e o alargamento mundial da Religião cristã, se encontram e ligam simpaticamente a racionalidade intuitiva da fé e a racionalidade da Filosofia e da Ciência, ou, como também podemos dizer, a liberdade do homem cristão e a liberdade do filósofo, tornando-se conscientes da sua íntima afinidade, surge a "*Idade Média*". A Religião – e isso pertence à sua essência – não pode reconhecer uma autonomia do pensamento científico, independente da fé, tem de interpretar religiosamente todas as normas de valor e, na aceitação da ciência livre, colocar-lhe ao mesmo tempo limites da liberdade, através da norma criada e dogmaticamente fixada a partir da intuição religiosa. Por outro lado, ela própria não pode evitar a configuração pensante dos conteúdos intuitivos, necessita de uma teologia, tal como qualquer Religião altamente desenvolvida, tal como já a Religião babilônica quis e teve, como uma ciência que tivesse de fixar objetivamente e à medida do pensamento os conteúdos da fé, de desdobrar as consequências neles encerradas e investigar a ação do divino no mundo e as relações do homem com ele, que daí se seguem. Para a Teologia cristã, veio para tal – e foi mesmo o que determinou em primeiro lugar – a finalidade da apologética, **<69>** em face dos ataques da filosofia não cristã, que tinham de ser rejeitados se se queria ganhar este mundo educado pela Filosofia. Em face das teologias pertencentes a círculos culturais mais antigos e diferentes, a Teologia cristã não tinha apenas a peculiaridade que lhe advinha da liberdade cristã (a tomada de posição religiosa a partir das fontes da racionalidade intuitiva), mas, sim, acima de tudo, a de se apropriar dos métodos e objetivos da Filosofia nascida do espírito da liberdade teórica, mesmo que os tenha provido de um novo espírito normativo e, com isso, essencialmente modificado. Ela tomou mesmo as normas conhecidas na pura intelecção teórica, para qualquer conhecimento teórico inteligível (e, por isso, livre). Tomou, por outro lado, o objetivo de um conhecimento mundano universal teórico, que tinha necessariamente de incrementar um interesse teórico livre e atuante e, ao mesmo tempo, o objetivo, nascido concomitantemente, de uma tecnologia universal, de uma investigação teórica de normas práticas, de acordo com as quais, na base do seu conhecimento do mundo e, com isso, do homem, o próprio homem deveria ordenar racionalmente a sua vida e dominar racionalmente e configurar de acordo com um fim o seu mundo circundante. Residia na essência da fé o fato de ela, a seu modo, abranger também a totalidade do mundo, o mundo dos fatos e o mundo prático, com todas as suas normas reguladoras. Por mais que, de início, se tenha esgotado o cuidado e o efeito da intuição originária, em si e noutros, a saber, a da fé originária, por mais que ele se tenha sintonizado com a unificação aqui a realizar com Cristo e, através dele, com Deus, tal como com a promessa da felicidade eterna em um outro mundo – a cristandade que se expandia tinha de se estabelecer neste mundo e, para a vida de uma comunidade cristianizada, tinha de ser exigida, em todos e em cada um, uma figura religiosa racional. Além disso, a figura fatual e o curso ordenado da natureza, da totalidade do mundo, enquanto criado por Deus, tinha de estar incluído concomitantemente na unidade da racionalidade religiosa. As funções naturais humanas e, especialmente, o entendimento natural humano, não podiam ser excluídos, por conseguinte, o que este admitia como direito e bem naturais e que era mesmo exprimido por ele como princípio de valor absoluto, tinha de ser reconduzido a Deus como fonte de todas as normas, de um ponto de vista subjetivo à fé como fonte absoluta de conhecimento, na qual nos apropriamos de Deus. Assim, a Filosofia, a Ciência dos Gregos, tornou-se a <**70**> criação da razão natural, aceite, ativamente exercitada, religiosamente interpretada de acordo com as suas fontes de valor sobrenaturais e, ao mesmo tempo, sujeita a normas e delimitada por meio do conteúdo da fé. Este mesmo é captado e tornado científico em conceitos filosóficos, mas constitui então, precisamente como norma de fé objetivamente fixada, um limite para a investigação científica livre. Nas suas consequências, a Teologia torna-se sempre Ciência Universal (tal como a Filosofia grega, de acordo com a sua intenção), e toda a Ciência, também a ciência da natureza que, muito tarde, se apropriou do interesse autônomo, tem o seu índice teológico. Também o conhecimento próprio das ciências da natureza, tal como o conhecimento em geral, é uma função da Religião e tem liberdade apenas na forma de liberdade religiosa, quer dizer, a partir da fé. E, da mesma forma, toda a práxis, segundo a ideia, se transforma em uma função da Religião, tem de ser uma práxis dirigida teórica e teologicamente. Este desenvolvimento dá à cultura medieval o seu cunho característico, no quadro da cultura europeia total e, ao mesmo tempo, de toda a cultura atual. Não temos aqui em vista aqueles traços da cultura medieval seguramente exatos, que foram salientados e são conhecidos de todos; de tal modo que o processo de dogmatização, de absolutização teológica da explicação filosófica de conteúdos intuitivos originários, cria um tradicionalismo, que não apenas inibe a liberdade de interpretação racional à medida de novas intelecções filosóficas, mas também afasta a vida religiosa do crente das fontes intuitivas originárias, na verdade, sempre separa e, em vez da felicidade na intuição, lhe dá a satisfação de uma correção exterior da crença, no reconhecimento de fórmulas não compreendidas. Também não quero falar de outros tradicionalismos da Igreja medieval e da Ciência teológica. O que aqui nos deve interessar é, antes, o poderoso impulso, que todavia não padeceu sob tais exterioridades ao longo de muitos séculos, do desenvolvimento cultural medieval, e a ideia central que a vida medieval empresta a este impulso.

O "Ocidente" medieval significa, todavia, embora não se consiga fundir em uma unidade estadual, não apenas do ponto de vista eclesial, mas também político, uma unidade de uma cultura hierárquica e, em um sentido mais elevado e mais ricamente diferenciado interiormente do que nas culturas hierárquicas antigas, ele é uma **<71>** cultura que suporta em si uma ideia de fim conscientemente diretriz, uma ideia de fim que, por conseguinte, está efetivamente concebida na consciência comum ocidental e efetivamente motivada no desenvolvimento – tal como, da mesma forma, no sujeito singular, um fim conscientemente prático. Em primeiro lugar, o Ocidente medieval, na Igreja, tem um poder espiritual que ultrapassa os estados individuais e intervém, por toda parte, nas comunidades populares desses estados, uma comunidade sacerdotal supranacional, organizada de forma imperialista, que produz, entre as nações, uma consciência comunitária supranacional e, por toda parte, do mesmo modo, é reconhecida como suporte da autoridade divina e como órgão chamado a dirigir espiritualmente a humanidade. Nesta comunidade particular, na igreja, a *civitas dei* é a ideia de fim conscientemente dominante e é-o, de forma mediata, para todo o Ocidente religiosamente posto em comunidade. O objetivo de um império político, no qual a Igreja é o autêntico poder, ou, em primeiro lugar, o objetivo de se tornar poder em todos os estados, que a aproxima do ideal da *civitas dei*, de tudo preparar ao serviço desta cristianização da totalidade da cultura e, também, de elaborar uma teologia universal como Ciência Universal teórica e prática, investigar cientificamente, ao serviço desta ideia e de acordo com as suas verdadeiras formas normativas, acima de tudo, também, a vida social e política, tais são os objetivos que determinam essencialmente o caráter vivo do movimento espiritual da Idade Média. Não são ideais vazios, mas, sim, objetivos em cuja possibilidade de serem atingidos se acredita no decurso do tempo e diante dos quais se trabalha com alegria, como missão religiosa.

Essa é, por conseguinte, a forma na qual, na Idade Média, a humanidade europeia se organiza como uma humanidade racional submetida a ideias racionais e procura levar a cabo uma vida comunitária determinada por um fim.

É conhecido que não faltam tensões interiores e inícios de movimentos contrários, que estão fundados na estrutura do espírito medieval, por conseguinte, tensões entre fés dogmatizadas, tradicionalismos de figura diversa que se exteriorizam e uma instituição de fé originária que, nos movimentos da mística, procura lutar pelo seu direito; por outro lado, a tensão entre "fé" e "saber", quer dizer, entre os tipos de grupos essencialmente diferentes da fé originária e da tornada tradicional, e <72> da evidência natural e da ciência.

A partir destas tensões, que codeterminam essencialmente o decurso da cultura medieval, resultou também a dissolução desta cultura. A sua enteléquia, na qual vemos o sentido peculiar dela, o sentido de "Idade Média", perde a sua força e deixa de ser a força impulsionadora essencial do movimento; tal como, então, a situação do espiritual, e a Igreja, apesar de esta manter em si a sua organização internacional imperialista e, mesmo, a sua ideia de forma viva, pelo menos como ideal, perdem a posição de autoridade na consciência universal dos povos. A cultura eclesial-religiosa afunda-se em um ramo da cultura universal, ao lado das ciências livres, ao lado da arte etc. Um novo movimento religioso estabelece-se com força mais elementar, o movimento da Reforma, que impõe parcialmente a legitimidade da intuição religiosa em face da Igreja tornada histórica e defende a originária "liberdade do homem cristão". A Reforma não apela a nenhuma nova revelação, não se representa a si mesma em um novo Messias, restaura apenas as fontes atuantes ainda vivas da tradição originária, <para>, a partir delas, apresentar uma relação viva com Cristo e com a comunidade cristã primitiva, através de uma experiência religiosa originária. Todavia, sabe-se que a Reforma não se impõe de forma incondicionada e duradoura, e despachada em uma nova Igreja, e que, por mais enormemente que as ideias da Reforma atuem, não conseguem introduzir nos tempos modernos nenhuma nova ideia de fim.

Passa-se de forma diferente com o outro movimento de libertação contra o "espírito" medieval ligado e contra a sua ideia de Império Cristão, a saber, o movimento de libertação da razão natural, da Filosofia e da Ciência. Também ele tem um caráter secundário, tal como o movimento da Reforma. O que ele reforma ou restaura é a Ciência, recusa a ciência medieval como Teologia não livre (ou ciência tornada teológica), regressa à ideia de Filosofia em sentido antigo, como uma ciência determinada, não pela fé, sob qualquer forma, não por motivos do ânimo, por necessidades de salvação resultantes da indigência da vida humana, mas, sim, determinada puramente pelas próprias coisas, por motivos puros relativos às coisas, em função do puro interesse teórico.

<73>
<II. Os níveis da cultura científica>

<A. A figura do movimento filosófico de libertação. A essência da autêntica Ciência>

Todavia, está na altura de completar a análise cultural complementar e de reconhecer o que é peculiar ao movimento de libertação que começa na nação grega e, em um caminho principal, se realiza nela na forma de criação de uma forma cultural nova, a Filosofia. Trata-se de determinar, a partir daí, o que é especificamente peculiar da cultura europeia e prosseguir a comprovação de que esta, como é evidente, não tem apenas as suas peculiaridades morfológicas, como qualquer outra cultura que se inicia unitariamente na humanidade, mas, sim, que ela, e para lá de todas as propriedades morfológicas dos seus conteúdos culturais, tem uma *forma* que só caracteriza a ela. E ainda mais, ou definido com mais proximidade, que a humanidade que nela vive, e esta mesma vida, têm uma forma particular e axiológica que deve ser altamente valorizada, com a qual esta humanidade ascende ao grau supremo que lhe é exigido como humanidade, o grau de uma humanidade cultural que se configura a si mesma e ao seu meio circundante a partir da razão autônoma e, mais proximamente, a partir da razão científica.

Isto não significa menos do que o fato de que não concedemos à cultura europeia – cujo tipo de desenvolvimento descrevemos precisamente com o fato de ela o ter realizado – apenas a posição relativamente mais elevada entre todas as culturas históricas, mas, sim, que vemos nela a primeira realização de uma norma *absoluta* de desenvolvimento, que está chamada a revolucionar todas as outras culturas que se desenvolvem. Pois cada humanidade, vivendo na unidade de uma cultura e desenvolvendo-se a si mesma, encontra-se submetida a um imperativo categórico. E cada uma deve e tem de, por isso, se elevar à consciência deste imperativo e, de acordo com ele, aspirar a uma nova forma de desenvolvimento que com ele concorde.

Se tomarmos o conceito de Ciência e o conceito de Filosofia no sentido rigoroso que a ele originariamente corresponde, então, os Gregos antigos são os criadores do conceito de Filosofia e do conceito de Ciência. Aquilo que se designa pelas mesmas palavras nos antigos babilônios, egípcios, chineses e, mesmo, indianos, pode conter conhecimentos **<74>** que comprovam uma ciência rigorosa, tomados do ponto de vista do conteúdo, pode incluir no seu tipo e orientação metódica, mas com razão fazemos entre ambos, todavia, um corte radical e chamamos, eventualmente, aos mesmos conhecimentos e autofundamentações, de um lado, pré-científicos ou não científicos, do outro, científicos.

Para tornar isso claro, separemos, em primeiro lugar, um conceito universal e um conceito determinado de conhecimento e, neste, um científico e um não científico.

Conhecer, no sentido mais amplo, é um ato, um agir especial (um *ego cogito*) de um qualquer eu, que tem, certamente, a figura de ato de um acreditar (*belief*), que, progredindo e construindo-se em configurações complexas, produz uma crença definitiva. Aquilo a que aqui se chama crença chama-se em muitos, também, juízo em um sentido amplo, e, do ato deste crer ou julgar, distinguimos a "convicção", que, com eles, ou se funde novamente, ou, se já foi anteriormente fundida naquele que julga, se renova atualizando-se (juízo num segundo sentido) – a convicção habitual que possui, mesmo quando dorme, em geral quando o ato já passou e, mesmo, já se não encontra consciente retencionalmente. O julgar ou o crer têm o seu "quê", o seu conteúdo, no fato de alguma coisa ser ou não ser, no fato de ser assim, no fato de se encontrar nestas ou naquelas relações com isto ou aquilo etc. E este "quê" julgado, o sentido idêntico, que pode ser identicamente comum a muitos atos de juízo, é o juízo (como significação de juízo, juízo no terceiro sentido). Neste sentido mais amplo, então, cada percepcionar ou recordar-se, na medida em que pretende captar um ente, "põe" um objeto como existente, um julgar. O julgar tem múltiplas modificações que lhe pertencem essencialmente, a crença no ser pode "modalizar-se", transitar para um tomar-como-possível, presumir (tomar-por-verossímil), um duvidar, um negar, os quais, em todo o caso, são indicados como modos do julgar. Julgar pode tomar a forma prática de um esforço judicativo e de um querer livremente ativo e, na verdade, de tal modo que este se dirige a uma forma peculiar do juízo (o julgado enquanto tal), e esta forma peculiar é a da "*verdade*" e, em primeiro lugar, a da *certeza certa*.

Um juízo pode já ser dado como juízo normal de certeza, <75> mas passar para a incerteza, pode, enquanto tal, transformar-se em questionável, duvidoso. Ou surge de antemão uma "possibilidade", uma suspeita, de que seja assim, e é suscitado o desejo de "decidir" se é ou não é assim, através de uma certeza judicativa que confirme ou infirme. Isto sucede através de uma "fundamentação", através de motivos judicativos que criam a certeza para a possibilidade presumida, através, precisamente, da sua força de motivação, e diz-se, então, em uma fixação em linguagem: "isto é assim graças a tais ou tais motivos", e também: "assim é na verdade". A maior parte das vezes, o homem que se esforça no juízo e, em sentido amplo, por conseguinte, conhece, vive no momento e é em função do momento que toma uma decisão, quer possa ainda ter a oportunidade de exprimi-la, quer não. Ele não tem interesse em decidir uma questão "de uma vez por todas", e em fixar e decidir de uma vez por todas, eventualmente com a fundamentação que funda "de uma vez por todas". Recorre-se, então, a motivos, fundamentos, que são absolutamente certos. A "certeza absoluta" não é, do lado do sujeito, uma tomada de posição na qual ele defende um assunto como personalidade permanente, no tipo de certeza não se encontra o caráter de absolutidade da διάθεσις, o "sou assim e, tal como eu sou, está decidido de tal modo: eu, enquanto eu, não posso decidir de outro modo". De fato, as fundamentações renovadas na nova supressão das fixações em linguagem, quando não estão enraizadas e não têm continuamente como motivo convicções confirmadas, têm sempre a mesma força e, assim, o homem convencido desta mesma situação, onde a certeza da decisão tem de ser, muitas vezes, significativa de um ponto de vista prático, põe também valor em se assegurar da certeza fundamentada – talvez adquirida com grande incômodo – e da sua fundamentação; para tal, pode também contribuir o motivo de ele poder fazer igualmente uso da fundamentação perante outros, para convencê-los dela, ou, também, o fato de eles colocarem valor nesta certeza etc. Um juízo fundamentado e a sua fundamentação tomam, assim, o caráter de uma posse e de um bem disponíveis para o indivíduo singular, mas também para a comunidade. Pode um interesse geral de qualquer origem conduzir ao fato de que se <procurem> obter certezas, "verdades", para um domínio universal de coisas, sobre a natureza, sobre o curso das estrelas, sobre assuntos divinos e humanos, e, depois, em sequência ordenada, a partir do domínio do conhecimento que constitui um domínio do saber ordenado por meio de conexões sistemáticas de fundamentações. **<76>** A "ciência" surge, por conseguinte, como um sistema de bens comuns e, por meio de uma sistematização, como um bem comum unitário – em um sentido impróprio e lasso. A firmeza e a objetividade intersubjetivas de uma tal ciência dependem do fato de as suas fundamentações não dependerem de motivos anímicos ou objetivos que mudem de indivíduo para indivíduo, mas, sim, de convicções gerais firmemente enraizadas, provenientes de tradições há muito tempo elaboradas. Em particular, motivos mitológicos ou religiosos têm, aqui, um poder decisivo, determinante e também universal (no círculo cultural correspondente). Mas um conhecer regido por tais motivos e uma ciência surgida de tal modo, por exemplo, uma ciência teológica (como a Astronomia babilônica, enquanto Astrologia), não é uma ciência autêntica e pura. Obtemos um segundo conceito de ciência quando fazemos surgir a diferença entre, por um lado, um juízo que é "completamente certo" ou de que, na medida em que o realizamos no seu pleno sentido, estamos "absolutamente certos", individualmente ou em comunidade, e, posteriormente, as fundamentações de juízos que se apropriam de um tal certeza absoluta por meio de fundamentações que, como últimas, reenviam para tais certezas, firmes de uma vez por todas; e, por outro lado, juízos que são "evidentes", proposições que asseveram – o que se vai haurir, precisamente no sentido em que é asseverado, a partir das próprias doações originárias das coisas e das conexões entre coisas – os objetos de que falam, pelo fato de se ver que são experimentados, e poderem sê-lo, em viva ipseidade, que são as relações efetivamente assim, que os mesmos objetos dados são trazidos e vistos efetivamente na unidade de uma intuição de referência, que a referência tem efetivamente lugar, ou que as fundamentações fundam as convicções certas pelo fato de se regerem por normas e confirmarem uma certeza permanente por adaptação à autodoação, ou que elas, em "raciocínios" conhecidos, conduzem, de proposições imediatamente conhecidas e regidas por normas, ao juízo motivado certo, agora mediatamente conhecido. O motivador é, em todos os passos, conhecido, e conhecido na perspectiva do ser verdadeiro, da sequência verdadeira ou do fundamento verdadeiro. O conhecimento autêntico é o preenchimento de um esforço, não em direção à certeza em geral, mas, sim, à certeza a partir de uma verdade autodoada e inteligivelmente motivada.

As motivações ou fundamentações e os juízos de intelecção realizam-se aqui como sujeição a normas das visadas judicativas por meio

<77> de uma adaptação às "próprias" coisalidades, ao verdadeiro em sentido primeiro. Nomeadamente na intelecção, o coisal, o visado no julgar, o "autodoado" no julgar, está aí *originaliter*, efetivado, o sujeito está diante da própria coisa, tem-na a ela mesma na sua mirada, na sua visão judicativa. Na passagem de uma visada judicativa não intelectiva para a intelecção, surgem identificações normativas do visado e do autodoado, e o visado obtém o caráter da efetividade permanente, do "de fato, é efetivamente assim", da justificação pela norma, da verdade em sentido segundo. Os juízos motivados coisalmente são válidos objetivamente, quer dizer, são valores intersubjetivos comuns, na medida em que aquilo que eu vejo qualquer um pode ver; para lá de todas as diferenças entre indivíduos, entre nações, entre tradições universalmente válidas e firmemente enraizadas, encontram-se as coisas comuns cujo nome é o mundo de coisas comuns, que é constituído em experiências permutáveis, de modo que todos se entendem com todos, podem recorrer à mesma coisa vista. E, de imediato relacionado com isto e, de seguida, para lá disto, abre-se um domínio da verdade que cada um traz para o seu olhar, que cada um, olhando, pode efetivar em si, cada um a partir de cada círculo cultural, amigo e inimigo, grego ou bárbaro, filho do povo de Deus ou dos povos inimigos de Deus. Tal acontece de início a partir do comércio mútuo, pelo menos para o círculo do mundo circundante real que é comum a todos. É evidente que os juízos sobre os fatos da experiência recebem a sua norma justa das próprias coisas experimentadas, o fato de o Sol se ter posto, o fato de que chove, e coisas semelhantes. Isto tem a sua própria certeza e verdade, para a qual não se tem de apelar a nenhuma Religião, a nada mais senão, precisamente, à coisa experimentada. Mas todos julgam, precisamente, para além desta esfera de experiência próxima e, nos níveis inferiores, onde se fixam certezas objetivas, são mostrados motivos retirados da experiência e intelecções absolutamente coisais, como motivos de valor inferior, motivos que se encontram tão profundamente enraizados na personalidade que já o seu pô-los em dúvida ameaça "desenraizá-

-la", que ela pensa não poder abandonar sem se abandonar a si mesma, o que pode conduzir a reações de ânimo violentas. Todavia, muitas vezes é precisamente a mistura inseparável que faz a força, nomeadamente, na medida em que a verdadeira força provém do estabelecimento de normas pela intelecção. Mas aos níveis superiores pertence, diretamente, *a crítica*, a distinção consciente entre os motivos de certeza "heteronômicos" e "autonômicos", **<78>** e a posição do sujeito que conhece em face de todas as motivações do ânimo para uma certeza judicativa (à qual pertencem também as verosimilhanças que devem ser transformadas em certeza etc., por conseguinte, a certeza para um ser presumível em vez de para o ser puro e simples), e em face de outras motivações por meio de "preconceitos", como em face de convicções que não são transformadas em norma por qualquer intelecção. O juízo tem de ser verdadeiro, quer dizer, conforme com a coisa (através de uma adaptação à "própria coisa", que deve ser vista *originaliter*), independentemente do fato de eu e os meus contemporâneos gostarmos ou não gostarmos dela, do fato de ela nos tocar "até a raiz", a mim e a nós todos: a raiz pode não servir para nada. Não é porque eu, tal como sou, nem porque nós, tal como somos, temos de pensar desta forma que o pensamento é correto, mas só quando ele é um pensamento correto é que os nossos próprios pensamentos se mostram como corretos e nós mesmos como os sujeitos de conhecimento corretos, que trazem "em si" a orientação judicativa correta. Isto caracteriza também o chamado "interesse teórico", a "orientação puramente teórica", que pertence ao conhecimento autêntico. É o interesse "puramente coisal", o interesse na própria coisa, tal como ela é; mas o mesmo se diz segundo a autêntica visada diretriz: que está exclusivamente dirigida a certezas e convicções reguladas por normas e a asserções que podem sempre comprovar a sua correção normativa em fundamentações dirigidas por normas (em passos puros, que estão, eles próprios, regidos por normas). Só então eles têm a *adaequatio* à "*res*", que justamente "reside" no modo da autodoação originária da ação a examinar. Onde não estão presentes este contrastar e a vontade consciente de verdade como correção normativa neste sentido, aí, os conhecimentos e as fundamentações não podem ser totalmente corretos, quer dizer, comprováveis na autêntica orientação cognitiva, porém, eles próprios são, muitas vezes, autênticos conhecimentos para aquele que os configurou ingenuamente. Não pensemos o interesse teórico, ou a atitude teórica, restringidos a casos singulares e a pessoas singulares; aceitemos, antes, que a alegria por tais conhecimentos autênticos relativamente a um fim universal na vida humana se transforma em "vocação", surge, assim, uma ciência autêntica e, no caso de uma plena universalidade relativamente à esfera do conhecimento, abrangendo o mundo do que é em geral conhecível teoricamente, a Filosofia. Daí sai, de fato, por si mesmo, o interesse teórico; pois quando, nomeadamente, a alegria pelo conhecimento autêntico em geral se tornou vitalmente determinante, mostra-se, desde logo, que cada resposta deixa perguntas em aberto **<79>** ou abre novas perguntas, que nenhum assunto é totalmente isolado, lados, partes, conexões, têm dependências que não foram abrangidas na pergunta delimitada, ou que não podem ser executadas na resposta, e, assim, o conhecimento progride em "conexão coisal", que se torna consciente na ligação das experiências e das intelecções nas conexões de fundamentação, como se determinando de modo inteligível e alargando-se, continuamente, através de novas intelecções.

<B. A preparação da figura cultural filosófica na Grécia. Os dois níveis da autêntica Ciência>

Todavia, devem ser distinguidos dois níveis da autêntica Ciência, um nível prévio e o nível da ciência efetivamente constituída, surgidos no decurso do desenvolvimento, na via do conhecimento que progride dirigido por normas. No nível prévio, o interesse teórico é já, na verdade, exclusivamente determinante e é realizado o repelir crítico dos preconceitos, mas a primeira reflexão, completamente ingênua, sobre o mundo traz ainda consigo uma evidência muito incompleta e não funda nenhuma certeza objetiva, muito menos uma ciência objetivamente válida. Falo acerca do mundo. Pois o que desperta, em primeiro lugar, o interesse teórico não é o círculo da experiência, na qual decorrem o agir e o efetuar diários. Esta práxis concreta não tem ainda nenhuma necessidade de uma ciência. Só a ciência que se mostra já preparada e que dá frutos técnicos desperta necessidades científicas a partir da técnica. A experiência concreta dirige a práxis, e a necessidade prática concreta determina que caminhos novos e particulares a experiência concreta tem de adotar. Aqui, tudo é perfeitamente fiável, também o modo como o conhecimento útil deve ser obtido. O interesse teórico, por conseguinte, vai para lá deste círculo e começa, em primeiro lugar, por exemplo, como crescimento de um interesse geográfico em paisagens estranhas, em povos e costumes estranhos, em instituições políticas, em representações religiosas etc. Mas isto exige, também, representações sóbrias e objetivas de um mundo humano e objetivo que se estende indefinidamente, no qual despertam também interesse as avaliações dos conhecimentos empíricos sobre a natureza, que foram reunidos por povos estranhos através de uma experiência regular e observadora, **<80>** mesmo que resultantes de motivos religiosos e revestidos por apercepções religiosas. Para o viajante pelo mundo em atitude teórica, estes enfeites religiosos são já sem efeito, pois, para ele, as convicções religiosas correspondentes são já distantes. O tema supremo e universalmente abrangente da reflexão teórica torna-se, entre os Gregos, a partir de tais motivos, o universo enigmático e os seus "princípios" universais. A intenção dirige-se à obtenção de pensamentos universais, que poderiam tornar compreensível o universo enigmático, na sua infinitude e caráter desconhecido: compreensível objetivamente, na medida em que se trata de pensamentos universais sobre verdades reconhecíveis, através das quais pode cair uma luz explicativa sobre cada singular concreto.

Mas essas intelecções dos primeiros "filósofos" não tinham qualquer certeza objetiva possibilitadora, muito menos incondicionalmente fundante. Neste estádio de primeira ingenuidade, operava-se com analogias grosseiras, com transferências de modos intuitivos de representar e de regras de experiência da esfera da experiência quotidiana, para a dimensão cósmica. Embora cada representação analógica que se enlaça com experiências tenha a sua evidência, por conseguinte, em certa medida, a força da motivação objetiva, existem, todavia, graus diversos de evidência, e tais que têm muito pouca força. Tais diversas interpretações podem competir entre si (podem até mesmo competir a experiência direta e as induções diretamente retiradas dela, mas certamente que se reconciliam de novo, através de uma experiência mais alargada e mais exata). Cada novo filósofo cuida, certamente, da concordância dos seus pensamentos universais e das explicações mais concretas deles retiradas, mas a liberdade da tomada de posição teórica, que deu a cada novo investigador a orientação puramente objetiva, possibilitou, neste nível, para cada novo investigador, também, uma nova filosofia e muitas filosofias incompatíveis entre si. Esta situação motivou, por fim, o despertar de um ceticismo, que <duvidou> da possibilidade de qualquer coisa como uma "Filosofia" e uma ciência da verdade objetiva, fixada para todos numa intelecção objetiva, como valendo de forma incondicionalmente comum. Isto deu, por fim, ao pensamento, a viragem saudável para o conhecimento do *unum necessarium* em tal situação. Ela podia despertar, e desperta em Sócrates e realiza em Platão, o grande conhecimento de que a filosofia ingênua, na confirmação ingênua do **<81>** interesse teórico do conhecimento que se efetiva, não possibilita ainda nenhuma autêntica filosofia, nenhum sistema de validade objetiva, que cada pessoa com uma atitude objetiva e pensante tem de reconhecer como necessariamente obrigatória para si e para qualquer outra. A Filosofia é apenas possível através de uma consideração crítica antecipada das condições gerais de possibilidade do conhecimento objetivamente válido enquanto tal; em uma explicação mais completa, têm de ser produzidos o sentido de tal conhecimento, a relação do conhecer e do conhecido, do juízo e da verdade, da essência da fundação mediata, por meio da adaptação de um visar predicativo a uma convicção obtida ocasionalmente junto da coisa autodoada, e as normas essenciais e métodos que lhes pertencem.

Por outras palavras, a Ciência autêntica não pode começar sem mais, ela só é possível por meio de considerações "lógicas" e "gnosiológicas", e só é autenticamente possível quando foi fundada uma Lógica como ciência central do método, como doutrina da ciência universal. Esta primeira de todas as ciências está, necessariamente, referida retroativamente a si mesma. Se ela foi bem-sucedida em uma primeira intelecção, como reflexão posterior que regressa, tem de originar a intelecção de que o seu próprio experimentar está de acordo com as normas que ela própria apresentou. Este é o decurso do desenvolvimento, em si mesmo necessário e, ao mesmo tempo, histórico. Depois das filosofias ingênuas do período de nível prévio, começa a autêntica Filosofia e Ciência com a reflexão socrática e platônica sobre o método, e a "dialética" platônica é a primeira (e o elemento fundamental de uma) ciência da essência da ciência, uma Doutrina da Ciência, e, desde então, pertence a cada filosofia dos tempos subsequentes uma lógica como disciplina do método do verdadeiro conhecimento e da ciência.

De fato, esta referência retrospectiva da Filosofia e de todas as ciências particulares que dela derivam à crítica lógica – e, em ideal, a uma lógica universal e perfeita – modifica, desde a raiz, o caráter da Ciência. Pois, de um ponto de vista principial, a Ciência, o pensar na motivação de um interesse puramente teórico, perde agora a sua ingenuidade gnosiológica, e pertence à sua essência que esta perda de ingenuidade também se exprima, na Ciência autêntica, sob a forma de consciência na qual o conhecer se realiza. As atividades gnosiológicas só são científicas quando, não apenas são comprovadas por uma crítica externa, **<82>** encontradas como correspondendo a normas lógicas, mas também quando são inteiramente suportadas, e em cada passo singular, pela consciência reflexiva da correcção normativa. O próprio homem de ciência tem de estar efetivamente persuadido desta correção normativa em cada passo, tem de investigar reflexivamente uma evidência ingenuamente vivida e (se a lógica é correspondentemente ampla) tem de ter estabelecido principialmente o alcance desta evidência, pelo recurso a tipos de evidência e a leis normativas. Não pode utilizar como premissa nenhuma proposição que ele próprio não tenha fundamentado, não pode realizar nenhuma fundamentação mediata sem, para cada passo da conclusão, ter preparado a lei de conclusão normativa. E, para tudo o que se relaciona com isso, é ele próprio, e totalmente só, o responsável, só a sua própria intelecção lhe dá um direito de defender um conhecimento como conhecimento. Por mais que o experimentar de acordo com as normas se deixe também aqui mecanizar, e por mais que a mecanização se torne também aqui necessária para o progresso científico, todavia, em cada retorno de passos gnosiológicos semelhantes, já confirmados segundo os seus princípios normativos, tem de se encontrar a consciência normativa habitual acompanhante que, resultante de fundamentações inteligíveis anteriores, notifica a segurança prática, para poder de fato comprovar a validade legítima, por conseguinte, para poder ser difundida diante de qualquer um. Só assim o conhecimento científico se pode tornar um bem comum, pode permanecer "objetivo" para cada um aquilo que foi uma vez fixado, como qualquer coisa que cada um pode consultar e tomar como o mesmo por meio da consulta. Tal coisa torna-se possível, antes de mais nada, pelo fato de se tornar, ela própria, em princípio metódico da ciência, não apenas para trazer os conhecimentos fundados, mas também a própria fundamentação, a uma expressão objetiva. De fato, a sua expressão só se torna efetivamente objetiva como conhecimento quando a expressão de fundamentação é adequadamente completa, construída a partir de elementos que se podem imediatamente consultar, expressão essa que possibilita a cada um trazer a uma intelecção efetiva a unidade total da fundamentação e certificar-se da sua correção normativa. Mas, então, aquele que compreende posteriormente está na mesma situação que o descobridor original, na situação da intelecção completamente adquirida, e o que este adquiriu não adquiriu sozinho, mas, sim, para todos, na medida em que todos, compreendendo apenas posteriormente, têm agora a mesma aquisição.

Deve-se prestar ainda atenção, aqui, ao fato de que descrevemos a essência da Ciência no sentido de uma ideia amadurecida. Mas, por mais vezes que **<83>** a ciência herdada da Grécia e da modernidade possa ter permanecido atrás desta ideia, esta ideia está implantada nela como atuante, e ela levanta sempre em si mesma a reivindicação de ser ciência efetiva apenas enquanto e apenas em tais teorias em que acredita ter já realizado este ideal. O fato de nisso se poder iludir, e o fato de permanecer muito atrás desta ideia, em cada nível e mesmo onde não o nota, porque a reflexão metódica principial, a da Doutrina da Ciência, não foi ainda suficientemente estendida, e porque, posteriormente, uma espécie de tecnicização do método científico obstrui a própria intelecção mais profunda; isto é uma questão particular e deve ser ainda discutida. Em todo caso, o caráter fundamental da ciência que se está tornando autêntica é o de se configurar conscientemente de acordo com este ideal e de apresentar permanentemente o tipo de uma ciência reflexiva que, por meio de uma reflexão metódica, se rege por normas inteligíveis, uma ciência lógica. A eterna glória da *nação grega* é a de ter fundado, não apenas, em geral, uma Filosofia como figura cultural de interesse puramente teórico, mas, sim, através das suas duas estrelas, Sócrates e Platão, a de ter realizado a criação única da ideia de uma ciência lógica, e uma lógica como Doutrina Universal da Ciência, como ciência normativa central da ciência em geral. Com isso, o conceito de *logos* como razão autônoma e, em primeiro lugar, razão teórica, como faculdade de um julgar "sem um eu", que, como julgar a partir da intelecção pura, atende exclusivamente à voz das "próprias" coisas, recebe a sua concepção originária e, ao mesmo tempo, uma força configuradora do mundo. E não menos a ideia da lógica, da ciência da razão como "*organon*" para toda a ciência autêntica.

Pode-se certamente dizer que não foi apenas o interesse *teórico* que se tornou independente no povo grego e fundou uma cultura autônoma da razão teórica, mas que o mesmo vale, também, para o interesse estético e para a sua Arte, e que toda a sua vida cultural, em todos os seus lados, que são determinados pelos diversos tipos de atos, aos quais se subordinam, precisamente, diversos atos racionais, tem o caráter universal da *liberdade*. Mas enquanto a Arte, em comparação com outras culturas, é apenas uma questão de grau (por exemplo, encontramos também fora da Grécia obras de uma livre cultura estética), no que respeita à ciência "rigorosa", trata-se de uma cultura de conhecimento de novo estilo **<84>** e, além disso, de uma cultura que estava determinada a elevar a um novo grau a humanidade em geral, relativamente à totalidade do seu viver e do seu agir. Foram os Gregos que, em consequência da criação da Filosofia no seu sentido pregnante (platônico), implantaram na cultura europeia uma ideia formal universal de novo tipo, pela qual ela adquiriu o caráter formal universal de uma cultura racional a partir da racionalidade científica, ou de uma cultura filosófica. Naturalmente que isto deve ser entendido *cum grano salis*, trata-se de uma formação posta em obra e progressiva e, como ouviremos, o próprio ideal de configuração cultural filosófica, surgindo na consciência universal, transforma-se, posteriormente – na Modernidade –, em uma autêntica ideia de fim, que determina, com uma vontade cultural universal, o caráter fundamental da Modernidade, na medida em que ele se encontra em um livre desenvolvimento ascensional (período do Iluminismo).

Para tornar isso claro, façamos a seguinte consideração: a origem da ciência grega reside no fato de homens singulares, com um interesse a que chamamos puramente teórico, serem movidos pelo puro amor do conhecimento objetivo, da verdade dada na intelecção. A fixação duradoura da verdade adquirida e a sua fundamentação em forma literária não têm apenas a finalidade de o próprio sujeito que conhece poder atualizá-la, poder concomitantemente gozar dela, pelo contrário, ela está também disponível para ele como premissa auxiliar para a fundação de novas verdades. Assim, a verdade adquirida transforma-se em uma posse e em um bem duradouros. Ao mesmo tempo, esta fixação serve para a transmissão a outros, cujos interesses cognitivos são, com isso, despertados e as mesmas intelecções e alegrias são compartilhadas. A comunicação não restringe a própria disposição livre e a alegria no conhecimento, pelo contrário, o bem espiritual é, imediatamente, um bem comum, a alegria, uma alegria comum, por conseguinte, alegria dupla; e, ao mesmo tempo, cada valorização para o progresso do conhecimento torna-se imediatamente, também, um enriquecimento para os que estão em comunicação. Assim, este fato compreensível é, justamente, um motivo permanente para a expressão literária e funda, ao mesmo tempo, uma comunidade humana de interesses que, porque tem o seu substrato na comunidade de valores ideais, a serem apropriados por todos de forma idêntica – valores, por conseguinte, supraindividuais –, não conhece qualquer conflito de interesses, enquanto os interesses egoístas não se imiscuem e turvam a pureza do esforço filosófico. **<85>** A comunidade científica, alargando-se naturalmente, de forma correspondente, e o bem espiritual comum em alargamento, que nela progride, a saber, a "Filosofia", criam, para lá dos valores do conhecimento, valores novos e mesmo superiores, que estão fundados no valor da própria Ciência. São valores pessoais "éticos", valores individuais e comunitários, que crescem. Pois, em prol da alegria pura que o indivíduo tem nos puros valores espirituais e na sua criação, apropria-se ele próprio, também, de valores espirituais, os do filósofo, do que "ama a sabedoria", e, em face da alegria concomitante que mostra cada correligionário, tem também valor para o outro. Cada um interiorizará no outro o valor pessoal que surgiu para ele através do amor da sabedoria, através da viragem crescente da sua vida para o domínio espiritual dos valores. E mais ainda: cada um aprende a sentir-se <participante>

em uma comunidade de filósofos aberta e em crescimento e sente alegria na beleza de uma tal comunidade e no valor de um reino de valores espirituais, em crescimento através de uma relação comunitária, no qual todos, não apenas têm alegria, mas também cooperam. Cada um sente alegria no crescimento dos valores que naquela comunidade e através dela cada indivíduo conserva, e cada um aprende, na exigência daquilo que torna os outros felizes e os eleva, a encontrar a sua própria exigência e a sua própria felicidade. Tais motivos agem de forma permanente e não arbitrária e mostram ainda a sua própria força depois de ter surgido o encurvamento do puro amor pela sabedoria em procura egoísta da fama e em avidez científica, e aquelas transformações egoístas dos motivos, que resultam da utilidade prática da ciência.

Com isso, a Ciência, a Filosofia são, em primeiro lugar, mesmo que não durante muito tempo, uma coisa "não prática", puras configurações de interesses técnicos intersubjetivos postos em comunidade, um domínio objetivo de bens acerca de cuja utilidade, no exterior da teoria, nada é questionado e que, em todo o caso, originariamente, não fornece nenhum motivo para a apreciação e o engendramento de tais valores. De fato, os problemas cosmológicos e as teorias que, primeiro, dominaram o interesse, na sua universalidade variada e no seu caráter vago primitivo, moviam-se em alturas abstratas, que deixavam muito abaixo de si todos os domínios da práxis humana e, com isso, também mantinham a distância todos os pensamentos sobre uma valorização prática possível.

Entretanto, o conhecimento, em atitude puramente teórica, **<86>** pusera à prova, anteriormente, a sua força em uma esfera posterior de conhecimento e conduzira a uma teoria impressionante, por isso, não poderia falhar em se apoderar, também, de outras esferas de conhecimento. Onde quer que já existam conhecimentos, ou que, seja por que motivo for, entrem em jogo atividades de conhecimento, o novo hábito do pensar "filosófico" teria de se fazer valer como superior. Desta forma, sobretudo, o domínio da práxis humana e da razão prática pode ser aceito no trabalho filosófico. O voltar-se filosófico para a práxis, por conseguinte, a sua inclusão no interesse *teórico*, indicam, em referência histórica, o ponto mais significativo do desenvolvimento filosófico, na medida em que só através desta viragem foi motivada a fundamentação da Lógica e da Filosofia sujeita a normas pela Lógica; mas não apenas isso, também a fundação de uma Filosofia Universal, abrangendo o ser e o dever-ser, fatos e normas, partiu daí, tal como a criação da ideia de uma vida humana filosófica e verdadeiramente humana, como uma vida a partir da razão filosófica. Em oposição à filosofia cosmológica, a Sofística procura a sua base para a formação paradoxal das suas teorias céticas, que se queriam fundamentar na figura de teorias filosóficas, segundo as quais nenhuma teoria filosófica poderia valer como verdade. Mas este contra-senso teórico teve uma consequência prática. Pois a Sofística estava, essencialmente, orientada de um ponto de vista prático. A Filosofia não dá a verdade, mas as suas formas conceptuais e de argumentação são artes muito úteis para a retórica política. À orientação para o útil de um ponto de vista prático não subjazia, porém, por exemplo, a opinião de que uma práxis vital verdadeiramente racional teria de ser fundamentada por meio de uma consideração racional teórica (por conseguinte, na passagem para uma atitude puramente teórica e, mesmo, para uma filosofia teórica configurada de antemão). De fato, os sofistas negavam a possibilidade do conhecimento e da ciência efetivamente válidos. O sentido da reação socrática contra o cepticismo é, então, justamente, o fato de não querer ser filósofo teórico, mas sim prático, na medida em que para si não vem, em primeiro lugar, o conhecimento teórico, mas sim a condução racional da vida; o fato de ter apenas como possível uma vida humana racional e, por isso, verdadeiramente satisfatória na qualidade de uma vida filosófica. Dito mais claramente: só quem filosofando – passando para a atitude puramente teórica – medita sobre a sua vida e sobre os fins que a movem, **<87>** só quem, nesta atitude, obtém a intelecção sobre o que, nela, é verdadeiramente belo e feio, nobre ou plebeu, justo ou injusto, bom ou mau, e, filosofando deste modo, conhece as autênticas normas da razão prática, pode então, conduzido conscientemente por elas, pôr em jogo a sua vida, efetivamente, como uma vida prática racional. Reside nisso o fato de haver, verdadeiramente uma filosofia e, na verdade, uma filosofia da praxis racional vital, e, nela incluída, uma filosofia dos valores. A filosofia, porém, é uma função da praxis racional, é ela o órgão que lhe traz ao conhecimento os verdadeiros fins. Ao saber autêntico, segue-se o agir. Ao saber autêntico, quer dizer: só quem ativamente, num trabalho racional teórico próprio, elaborou a clareza perfeita da norma, tem aquele saber autêntico que motiva efetivamente a vontade.

Nesta viragem reside, de imediato, naturalmente, o gérmen para o desenvolvimento de uma Ética, mas também o gérmen para a transferência do livre meditar, que se eleva acima do agir ingénuo e, de imediato, o inibe, para o agir do filósofo, por conseguinte, para o ato teórico não crítico e ingénuo na própria Filosofia. O autêntico agir cognitivo, o autêntico filosofar, exigem uma meditação que procura, na disposição ética de suprema responsabilidade, em primeiro lugar, o objeto principal do filosofar e, para tal, investiga os métodos possíveis: é este o sentido da viragem platônica para a Lógica e, com isso, para a Filosofia como ciência de rigor. Mas, ao mesmo tempo, na viragem socrática e platônica, reside o gérmen de um desenvolvimento posterior. A referência de todo o agir, de toda a vida concreta plena, às normas éticas principiais (concebidas em conjunto: ao imperativo categórico), não é suficiente. Não é necessária, apenas, uma doutrina continuamente formal de princípios éticos, mas sim uma ciência teórica universal abrangente, que investiga o domínio total do que é conhecível teoricamente, o desdobra numa multiplicidade de ciências singulares sistematicamente ligadas, nomeadamente, é necessária uma ciência submetida à ideia diretriz de uma vida racional, que é para realizar concretamente e o mais possível perfeita, de uma humanidade que faz o possível por viver na perfeição e se satisfaz o mais possível. Sobretudo, é necessária, para lá de uma mera ética individual, uma doutrina formal dos princípios da vida racional humana singular, uma ética social, cuja realização o mais possível concreta só é tornada possível pela sujeição concreta a normas por parte de cada agir individual. <88> Mas a consideração mais profunda do que necessita o viver humano racional, que é *eo ipso* social, para uma elevação e aperfeiçoamento progressivos no interior da forma normativa universal, que a ideia formal de razão prescreve, conduz, precisamente, à necessidade de uma filosofia universal.

No que, em primeiro lugar, diz respeito à ideia de uma Ética social, trata-se, dito com clareza, de uma ciência normativa da humanidade que vive comunitariamente, como uma humanidade configuradora de normas racionais, segundo a totalidade da sua vida. Ela irrompe, pela primeira vez, ainda imperfeita e, todavia, já plena de força, na *República* de Platão. Pois, a consequência natural do seu projetado Estado ideal é a de que existe, não apenas para qualquer *polis*, mas sim para toda a humanidade existente em relações comunitárias, em unidade criadora de cultura, uma norma absoluta da razão, e que ela, se se quer tornar numa humanidade verdadeira e autêntica, se tem de organizar numa humanidade dirigida pela razão autónoma, e pela razão na forma objetivada de uma autêntica filosofia universal. Mas, tal como um homem, também uma humanidade só se pode dirigir a si mesma, e tal como um homem só se pode tornar num homem autêntico se configurar conscientemente a ideia normativa desta autenticidade e a ideia de uma vida normal, e a colocar voluntariamente sob esta ideia como imperativo categórico, da mesma forma, uma humanidade só se pode tornar racional quando, em consciência universal, quando está dirigida pela ideia de uma humanidade configuradora, segundo normas, da totalidade da sua vida pessoal e elabora, ela própria, conscientemente, o conteúdo determinado destas normas. Como o histórico se deve tornar possível e, de fato, se tornou possível, de forma que esta ideia, esta ideia de fim, prática e atuante, tomou raízes na humanidade europeia infinitamente aberta, esta é que é a questão.

Mas, então, uma figura da efetividade desta ideia de razão e, na verdade, na base de uma filosofia já constituída, não se encontra aí, de imediato, apenas como um fato histórico, mas também compreensível de modo suficientemente fácil. Apesar de os Gregos não conseguirem realizar adequadamente a ideia da Ciência filosófica (uma ciência abrangente universal e absolutamente legitimadora por meio da formação lógica), na medida em que, de fato, a Filosofia era um nome para uma multiplicidade de filosofias antagônicas, os seus impressionantes grandes sistemas, não apenas enquanto tais, mas **<89>** segundo a totalidade da ideia que defendem, ganham uma força preponderante na vida cultural grega. Cada filosofia traça a imagem do homem autêntico como imagem do filósofo, a saber, como do homem que prescreve a norma correta à totalidade da sua vida, autonomamente, por meio da mera razão, por conseguinte, por meio da Filosofia; ao invés, por assim dizer, cada um, então, quer também ser filósofo autêntico, reconhece este ideal da humanidade pelo menos segundo a forma e quer realizá-la em si. Juntamente com isso, tem a convicção universalmente dominante de que a vida comunitária, que abrange os singulares com todas as suas atividades e obras, para ser uma vida verdadeiramente racional, tem de estar de acordo com normas racionais. *Sob a designação de Filosofia, a ideia de ciência rigorosa a partir da razão livre é a ideia cultural abrangente e universalmente dominante* – enquanto o tipo espiritual grego domina efetivamente e não a Idade Média e, com isso, irrompem as correntes da cultura religiosa tradicionalista e os movimentos religiosos regidos por motivos anímicos, e se misturam com ideias culturais gregas. A sua influência mostra-se ainda nas novas teologias judaica e cristã e na tentativa de formar as convicções religiosas como conteúdos cognitivos por meio da Filosofia e, se possível, também, justificá-los a partir da razão "natural". Mas certamente que a própria razão natural não tem, para a "Idade Média" (o tipo que com isso caracterizamos), tal como o expusemos, uma autoridade independente repousando em si mesma, uma autoridade para todos e para cada um, por conseguinte, também, para o conteúdo da Religião, regulando por normas o direito e limites do valor, mas só uma autoridade derivada da autoridade precedente da fé.

<C. O desenvolvimento da figura cultural filosófica na Idade Média e na Modernidade>

É, então, compreensível, a enorme transformação que se realiza com o desenvolvimento do espírito medieval. O antigo espírito de uma livre cultura da humanidade, portanto, a ideia de verdadeira humanidade que suportou o puro mundo grego, a ideia de uma vida cultural autêntica a partir da livre razão filosófica, perde a sua forma e deixa de ser um elemento constituinte da consciência geral. Se os filósofos eram, anteriormente, os representantes dos princípios normativos dominantes **<90>** da razão livre (como representando a forma da autêntica humanidade, segundo a ideia), são os sacerdotes os representantes do novo princípio fundamental de todas as normas, a *civitas dei*. Se a comunidade filosófica era, por assim dizer, comunitária e a ideia diretriz não era suportada por nenhuma vontade social abrangente, agora, então, a comunidade correspondente, a dos sacerdotes, é imperialista, dominada por uma vontade unitária. A sua ideia de *civitas dei* será incorporada, através dela, na totalidade da vida comunitária medieval, como uma ideia de fim normativa e, através dela, determinante de forma universalmente prática para o movimento cultural, e isto graças à sua posição de autoridade na consciência pública.

A humanidade europeia, como humanidade medieval, tem a sua plena continuidade com a antiga, sobretudo no fato de a Filosofia grega agir ininterruptamente como doadora da forma da vida espiritual, mesmo que sob a nova interpretação descrita e no encobrimento do seu sentido formal mais profundo. Mas a modificação espiritual do sentido traz em si a intencionalidade da modificação e conserva em segredo os motivos capazes de eficácia do regresso. A luz natural da razão - onde não é interceptada – não deixa de ser luz natural e de iluminar a partir de si mesma, mesmo quando é interpretada, misticamente, como irradiação da luz sobrenatural. E esta interpretação pode novamente cair. Também na unidade vital de uma humanidade nenhuma ideia cultural perdida está efetivamente perdida, nenhuma forma vital, nenhum princípio vital do passado, foi efetiva e definitivamente ao fundo. Uma humanidade unificada, tal como um homem singular, tem uma memória unificada, antigas tradições podem tornar-se novamente vivas, podem novamente motivar, podem novamente, quer sejam em parte, quer sejam totalmente, compreendidas, sejam originárias ou sejam reformadas, tornar-se novamente atuantes. Compete ao historiador comprovar o renascimento do antigo espírito, os motivos fáticos históricos em conexões concretas de desenvolvimento e em caos singulares. O que aqui nos interessa é que, de fato, um tal renascimento tem lugar como um grande movimento de libertação, isto aqui entendido puramente segundo o sentido espiritual. Por conseguinte, a antiga ideia cultural torna-se novamente viva e derruba a Idade Média do seu trono. A Igreja e a Teologia deixam de representar o espírito cultural dominante da humanidade, a ideia de fim, nela despontada e centrada, deixa de ser, através dela, a ideia de fim da humanidade europeia, vive ainda, apenas, como um elemento constituinte da <**91**> mera doutrina da Igreja e da Teologia da Igreja, que representa agora um âmbito cultural ao lado de outros e não pode mais levantar a pretensão de que a ideia de *civitas dei*, por ela detida, seja mais do que uma norma que ela, esta comunidade de sacerdotes, desejaria gravar no mundo circundante, mas não mais pode gravar. Desde então, a Igreja luta, principialmente, pela renovação da Idade Média, mas a Idade Média só é realidade efetiva na medida em que a totalidade da humanidade, de forma imediata ou mediata, reconhece praticamente esta ideia e se põe voluntariamente ao seu serviço.

Com isso, é certamente indicada também uma cisão na humanidade e na cultura modernas. Nos séculos seguintes, a Igreja exerce a sua influência sobre o espírito do tempo e representa uma tendência, às vezes fraca, outras, de novo crescente, na consciência universal da cultura, uma corrente fraca que se reforça ocasionalmente, do espírito medieval na Modernidade. Mas, na medida em que age, também, de um ponto de vista religioso-social e teológico-literário, não pode dar à ideia medieval uma força universalmente atuante, e mesmo o catolicismo político, a partir da luta cultural, não significa ainda, nos grandes partidos políticos, uma unidade ligada de convicções vivas e, na verdade, ligada por meio de uma ideia efetiva interiormente dominante de *civitas dei*.

1. A *Modernidade*, como irrupção de uma consciência universal de tomada de posição autorresponsável de todas as convicções pré-dadas, teóricas e práticas, como movimento de libertação e, na verdade, movimento filosófico de libertação, é o renascimento da vida cultural antiga de uma vida racional da humanidade a partir da razão (ciência) filosófica, e como movimento religioso de libertação, quer dizer, como renascimento do ideal religioso do Cristianismo primitivo (ou tipo por próprio do Cristianismo primitivo), de uma Religião a partir de uma experiência religiosa originária, a partir de fontes originárias da fé. Ambos, inicialmente amigos, se separam necessariamente. A Reforma põe na fé a autoridade última, à qual toda a norma se encontra ligada, mas, para a Filosofia, a fé é, no melhor dos casos, uma das fontes do conhecimento e, tal como todas as fontes de conhecimento, está sujeita à crítica. A Filosofia é absolutamente independente, a "razão" é o próprio princípio normativo para a fé e os limites da sua legitimidade. Para a liberdade filosófica, a Religião é o tema de uma filosofia crítica própria, a Filosofia da Religião, que não se funda na fé à maneira da Teologia e nela **<92>** tem a norma última, mas, pelo contrário, prescreve normas à própria fé. No desenvolvimento da crítica da razão, há uma crítica própria da razão ética e religiosa, que tem de fixar, em primeiro lugar, a essência e os possí-

veis limites desta razão. E quando encontra a experiência religiosa como um fato exige, todavia, determinar, na liberdade crítica, a legitimidade e os limites dessa experiência. O espírito da livre razão, o renascimento da antiga liberdade do espírito, a da Filosofia, triunfa e torna-se, pura e simplesmente, o espírito da Modernidade.

2. Esta atitude moderna em relação à fé não significa a rejeição da fé como experiência religiosa, nem sequer a rejeição do seu conteúdo essencial de fé, embora signifique a reivindicação da liberdade de dizer sim e não, por conseguinte, a liberdade de se decidir pelo ateísmo (tal como, de forma semelhante, a livre atitude crítica em relação à Matemática, que a própria ciência exige durante o raciocínio crítico; a liberdade precedente significa, ela própria, dizer sim e não a 2 x 2 = 4). Mas a autonomia da razão significa, certamente, uma recusa da obrigação, que precede toda a decisão, de aceitar o conteúdo da fé procedente da autoridade da Igreja ou de autoridade da própria fé, antes da livre crítica. E assim significa, precisamente, a tomada de posição contra a Idade Média – que caracteriza, por conseguinte, a Modernidade.

3. A Modernidade distingue-se no modo como a Filosofia ou a Ciência representa, em geral, na Antiguidade, a autonomia da razão como fonte de toda a autoridade e de todo o valor, e, na verdade, na base da diferença entre a ciência antiga e a moderna. A modernidade realiza a sua livre razão também nas tradições da ciência antiga, as quais, sob o nome de Filosofia, regressaram de novo em projetos da Modernidade que se contrariam uns aos outros. Só se encontra uma ciência particular que encontrou já na Antiguidade um reconhecimento universal e que não esteve implicada na luta das filosofias, nem encontrou, em sistemas diferentes, exposições diferentes e contradizendo-se entre si, a saber, a Matemática.

A Modernidade, no seu começo, vê na Matemática o protótipo da Ciência efetiva e autêntica. Ela não se limita a aperfeiçoá-la, volta a vontade, inflamada em força poderosa, para uma configuração vital livre a partir da razão pura, em direção a uma ordenação científica do mundo.

O que a Antiguidade, na estreitamente delimitada <93> esfera dos problemas matemáticos, realizou com um método estreitamente delimitado, é, para a Modernidade, um mero começo: ela ambiciona, ousadamente, uma *Matemática Universal* e na mais livre configuração lógica do método. Precisamente o mesmo acontece com os pequenos começos da ciência rigorosa da natureza, na Antiguidade; uma Ciência Universal da natureza, leis universais da natureza em geral e uma ciência matemática da natureza, que ambiciona projetar um sistema dedutivo universal segundo o modelo da Geometria, torna-se o objetivo e consegue, de fato, pôr de pé uma ciência da natureza deste estilo, na mesma força que tudo domina, tal como, anteriormente, tinha conseguido na Matemática. Os infinitamente múltiplos fatos empíricos da natureza perdem o seu caráter isolado, todos os fatos reais possíveis estão encerrados em um número limitado de princípios fundamentais, nos quais estão encerradas leis infinitamente variadas, como meras consequências dedutivas, dos quais devem ser derivadas dedutiva e sistematicamente. Este sistema de leis das possibilidades reais contém os fundamentos explicativos para todos os fatos e regularidades empíricos. Precisamente com isso, cindem-se as tarefas de descoberta da Física pura, da ciência das leis explicativas, e as tarefas de descrição dos fatos empíricos, como mera saída para a sua explicação racional (fisicalista). O traço universalista, que atravessa desde o início a Matemática e a Ciência da Natureza, indica o caráter universal da Filosofia e da ciência modernas. Ele fora já posto em ação na ideia platônica de Filosofia, mas, na Antiguidade, a vontade de um conhecimento total, planificado unitariamente, ganhando terrenos no trabalho sistemático, abrangendo completamente cada tal terreno singular através de uma problemática e de um método universais, ou seja, a vontade de uma ciência rigorosa completamente abrangente, não obtém o domínio total na "Filosofia".

E a Modernidade não tem apenas o ideal condutor de uma Ciência Universal, mas, sim, de uma ciência universal esclarecendo rigorosamente a partir de princípios últimos e legitimando-se definitivamente a si mesma em cada passo; ela tem, pelo menos praticamente, o resultado de ter criado ciências enormes, triunfando em uma razão teórica tão firme, como a partir de uma figura resultante da razão teórica, que nenhum ceticismo pode pôr em dúvida a objetividade do seu valor. De acordo com o modelo da Geometria e da nova ciência matemática da natureza, ela quer criar uma nova *universalis scientia*, com <**94**> a mesma objetividade, a mesma força persuasora constringente. No cume do movimento científico moderno encontra-se a *institutio magna* de Bacon, como uma tentativa de divisão das tarefas científicas, levada a cabo a partir de princípios universais, em um sistema das ciências, e a ideia de Descartes de uma Ciência Universal, que apenas se divide em cada uma das chamadas ciências singulares, mas que é uma como a razão é uma, surgida do conhecimento total.

4. Ideia de uma justificação absoluta. Crítica da razão.

5. A ideia prática de uma cultura universal a partir da razão; o supremo efeito do ideal platônico, não um mero ideal, mas, sim, uma vontade universal como vontade comum, uma enteléquia.

A CRISE DA HUMANIDADE EUROPEIA E A FILOSOFIA

~ <VI, 314>

A CRISE DA HUMANIDADE EUROPEIA E A FILOSOFIA

I

Quero arriscar, nesta conferência, a tentativa de suscitar um novo interesse pelo tema, tantas vezes tratado, da crise europeia, desenvolvendo a ideia histórico-filosófica (ou o sentido teleológico) da humanidade europeia. Ao mostrar a função essencial que têm a exercer, neste sentido, a Filosofia e suas ramificações, ou seja, as nossas ciências, a crise europeia receberá também uma nova luz.

Comecemos com o que é mais bem conhecido, com a diferença entre a Medicina científico-natural e a chamada "medicina naturalista". Enquanto esta última surge na vida comum do povo, a partir da empiria e da tradição ingênuas, a Medicina científico-natural surge do aproveitamento de intelecções das ciências puramente teóricas, das ciências da corporalidade humana, desde logo a Anatomia e a Fisiologia. Todavia, estas repousam de novo, elas próprias, nas ciências fundamentais que explicam em geral a natureza, a Física e a Química.

Voltemos agora os nossos olhos da corporalidade para a espiritualidade humana, para o tema das chamadas Ciências do Espírito. Nelas, o interesse teórico vai exclusivamente para os homens enquanto pessoas e para a sua vida e realizações pessoais, bem como, correlativamente, para as figuras dessas realizações. Vida pessoal significa viver em um horizonte comunitário, enquanto eu e nós comunalizados. Certamente em comunidades de formas diversas, simples ou estratificadas, tais como <315> a comunidade familiar, nacional ou supranacional. A palavra *vida* não tem aqui um sentido fisiológico, ela significa vida ativa em vista de fins, realizadora de formações espirituais – no sentido mais lato, vida criadora de cultura na unidade de uma historicidade. Tudo isto é tema das diversas ciências do espírito. Manifestamente, há também para as comunidades, para os povos e para os estados, uma diferença entre florescimento vigoroso e definhamento, por conseguinte, uma diferença entre saúde e doença, como também poderíamos dizer. Assim, não estamos longe da pergunta: como se explica que, a este respeito, não se tenha chegado nunca à Medicina científica, a uma medicina das nações e das comunidades supranacionais? As nações europeias estão doentes, a própria Europa, diz-se, está em crise. Não falta aqui, de todo, qualquer coisa como mezinhas naturais. Estamos ficando, decididamente, submergidos por uma maré de propostas de reforma ingénuas e exaltadas. Mas por que razão as Ciências do Espírito, tão ricamente desenvolvidas, não prestam aqui o serviço que as Ciências da Natureza cumprem na sua esfera de um modo excelente?

Os que estão familiarizados com o espírito das ciências modernas replicarão de pronto. A grandeza das Ciências da Natureza consiste em que elas não se contentam com uma empiria intuitiva, porque, para elas, toda a descrição da natureza quer ser apenas uma passagem metódica para a explicação exata, em última instância físico-química. Eles opinam: ciências "simplesmente descritivas" amarram-nos às finitudes do mundo circundante terreno. A ciência matematicamente exata da natureza, porém, abarca, com o seu método, as infinitudes nas suas efetividades e possibilidades reais. Ela compreende o intuitivamente dado como uma simples aparição subjetivamente relativa e ensina a investigar a própria natureza suprassubjetiva (a Natureza "objetiva") em uma aproximação sistemática segundo os seus elementos e leis incondicionadamente gerais. Em unidade com isso, ensina ela a explicar todas as concreções intuitivamente pré-dadas, sejam homens, animais <ou> corpos celestes, a partir daquilo que ultimamente é, a saber, a partir das aparições fáticas de cada vez dadas, ensina a induzir possibilidades e probabilidades futuras, que ultrapassam em extensão e precisão toda a empiria intuitivamente limitada. O resultado do desenvolvimento consequente das ciências exatas <**316**> na Modernidade foi uma verdadeira revolução no domínio técnico sobre a natureza.

Totalmente diferente é, infelizmente (no sentido da concepção que já se tornou completamente compreensível para nós), a situação nas Ciências do Espírito, e certamente por razões internas. A espiritualidade humana está, decerto, fundada na *phýsis* humana, toda e qualquer vida anímica humana individual está fundada na corporalidade e, por conseguinte, também toda e qualquer comunidade está fundada nos corpos dos indivíduos humanos que são membros dessa comunidade. Se, portanto, deve ser possível uma explicação realmente exata dos fenômenos científico-espirituais e, assim, uma práxis científica de alcance semelhante ao da esfera da natureza, os investigadores das Ciências do Espírito não devem, então, considerar o espírito simplesmente enquanto espírito, mas retornar à base corpórea subjacente e conduzir as explicações por intermédio da Física e da Química exatas. Isto fracassa, porém (e tal não poderá mudar no futuro previsível), perante as complicações da necessária investigação psicofísica exata, tanto a respeito do homem individual como, por maioria de razão, a respeito das grandes comunidades históricas. Se o mundo fosse, por assim dizer, construído a partir de duas esferas de realidade com direitos iguais, a Natureza e o Espírito, nenhuma delas privilegiada metódica ou substantivamente em relação à outra, então a situação seria diferente. Todavia, apenas a natureza pode ser tratada por si como um mundo fechado, só a Ciência Natural pode, com uma coerência sem quebras, abstrair de tudo o que é espiritual e investigar a natureza puramente como natureza. Por outro lado, uma tal abstração consequente da natureza por parte do investigador das ciências do espírito, interessado apenas no puramente espiritual, não conduz, *vice-versa*, a um "mundo" em si mesmo fechado, a um mundo de interconexão puramente espiritual que pudesse ser o tema de uma Ciência do Espírito, universal e pura, enquanto paralelo da ciência pura da natureza. Porque a espiritualidade animal, a das "almas" dos homens e das bestas, a que toda outra espiritualidade reconduz, está causalmente fundada, de um modo singular, na corporalidade. Assim se compreende que o investigador do espírito, interessado no puramente espiritual enquanto tal, não vá além da descrição, não vá além de uma história do espírito e permaneça, portanto, amarrado às finitudes intuitivas. Todo e qualquer exemplo o mostra. Um historiador não pode, por exemplo, tratar a história da Antiguidade Grega **<317>** sem tomar em linha de conta a geografia física da Grécia Antiga, não pode tratar a sua arquitetura sem tomar em linha de conta a corporalidade dos edifícios etc. Isto parece plenamente elucidativo.

Como ficaríamos, porém, se o inteiro modo de pensar que se manifesta nesta exposição repousasse sobre preconceitos funestos e se ele próprio fosse, nas suas consequências, corresponsável pela doença europeia? De fato, tal é a minha convicção; e espero tornar também compreensível que aqui reside, igualmente, uma fonte essencial para o modo óbvio como o cientista moderno nem sequer considera a possibilidade de fundamentação de uma ciência geral do espírito, em si mesma fechada, e, por isso mesmo, sem rodeios a nega.

É do interesse do nosso problema-Europa ir um pouco mais além e desarreigar a argumentação acima desenvolvida, à primeira vista tão esclarecida. O historiador, o investigador do espírito e da cultura de qualquer esfera, tem certamente também a natureza física constantemente entre os seus fenômenos – a natureza da Grécia Antiga, no nosso exemplo. Contudo, esta natureza não é a natureza no sentido das ciências da natureza, mas antes o que para os Gregos valia como natureza, o que tinham diante dos olhos no seu mundo circundante enquanto efetividade natural. Dito de um modo mais perfeito: o mundo circundante histórico dos Gregos não é o mundo objetivo no nosso sentido, mas antes a sua "representação do mundo", ou seja, a sua própria validação subjetiva com todas as efetividades que aí valem, incluindo, por exemplo, os deuses, os demônios etc.

Mundo circundante é um conceito que tem o seu lugar exclusivamente na esfera espiritual. Que nós vivamos no nosso mundo circundante respectivo, que vale para todos os nossos cuidados e esforços, tal designa um fato que se passa puramente na esfera do espírito. O nosso mundo circundante é uma formação espiritual em nós e na nossa vida histórica. Para quem toma como seu tema o espírito enquanto espírito, não há aqui, por conseguinte, qualquer razão para exigir outra explicação para ele que não seja uma explicação puramente espiritual. E isto é válido em geral: é um contrassenso olhar a natureza circum-mundana como em si mesma alheia ao espírito e, em consequência, alicerçar as Ciências do Espírito nas Ciências da Natureza de modo a, pretensamente, torná-las exatas.

Manifestamente, foi completamente esquecido que a Ciência da Natureza (tal como toda e qualquer ciência em geral) é um título para realizações espirituais, **<318>** a saber, as dos cientistas naturais colaborantes; enquanto tal, elas pertencem, como todos os eventos espirituais, ao âmbito daquilo que deve ser explicado pelas Ciências do Espírito. Não será, então, um contrassenso e um círculo querer explicar o acontecimento histórico "Ciência da Natureza" científico-naturalmente, explicá-lo por importação para a Ciência da Natureza e suas leis naturais, que, enquanto realização espiritual, pertencem elas próprias ao problema a resolver?

Obcecados pelo naturalismo (por mais que o combatam verbalmente), os cientistas do espírito têm descurado, total e completamente, até o próprio levantamento do problema de uma Ciência do Espírito, universal e pura, e o questionamento do espírito puramente enquanto espírito segundo uma doutrina eidética, doutrina que indagasse o incondicionadamente universal da espiritualidade, de acordo com os seus elementos e leis, com a finalidade de obter, por aí, explicações científicas em um sentido absolutamente conclusivo.

As reflexões precedentes sobre a Filosofia do Espírito fornecem-nos a atitude correta para captar e tratar o nosso tema da Europa espiritual como um problema puro das Ciências do Espírito, desde logo, por conseguinte, histórico-espiritualmente. Tal como foi dito desde logo nas palavras introdutórias, por este caminho deve tornar-se visível uma assinalável teleologia, inata, por assim dizer, apenas à nossa Europa, e certamente como intimamente conectada com a erupção ou irrupção da Filosofia e suas ramificações - ou seja, as ciências - no espírito dos Gregos antigos. Pressentimos já que se tratará, com isso, de uma clarificação das razões mais fundas da origem do funesto naturalismo, ou também, coisa que se mostrará como equivalente, do dualismo na interpretação do mundo que é característico da Modernidade. Finalmente, deverá, por esse meio, vir à luz do dia o sentido autêntico da crise da humanidade europeia.

Levantamos a questão: como se caracteriza a forma espiritual da Europa? Por conseguinte, não a Europa compreendida geográfica ou cartograficamente, como se, com isso, fosse delimitado, enquanto humanidade europeia, o círculo dos homens que aqui vivem territorialmente em conjunto. No sentido espiritual, é manifesto que os domínios ingleses, os Estados Unidos, etc., pertencem à Europa, não, porém, os esquimós ou os indianos das exposições nas feiras anuais, **<319>** ou ainda os ciganos, que perpetuamente circunvagueiam pela Europa. Sob o título de Europa, trata-se aqui, manifestamente, da unidade de uma vida, de um agir, de um criar espirituais: com todas as finalidades, interesses, cuidados e esforços, com as formações finalisticamente produzidas, as instituições, as organizações. Aí agem os homens individuais em múltiplas sociedades de diversos níveis, em famílias, tribos, nações, todas íntima e espiritualmente ligadas e, como disse, na unidade de uma forma espiritual. Às pessoas, às associações de pessoas e a todas as suas realizações culturais deve ser outorgado, com isso, um caráter que universalmente as vincula.

"A forma espiritual da Europa" - que é isso? É mostrar a ideia filosófica imanente à história da Europa (da Europa espiritual) ou, o que é o mesmo, a sua teleologia imanente, que se dá a conhecer, do ponto de vista da humanidade universal enquanto tal, como rompimento e começo do desenvolvimento de uma nova idade do homem, a época da humanidade que doravante não mais pode e não mais quer viver a não ser na livre formação da sua existência, da sua vida histórica, a partir de ideias da razão, a partir de tarefas infinitas.

Cada forma espiritual está, por essência, em um espaço histórico universal ou em uma unidade particular de tempo histórico segundo a coexistência e a sucessão – ela tem a sua história. Por conseguinte, se seguirmos as conexões históricas e, como é necessário, partirmos de nós próprios e da nossa nação, então a continuidade histórica conduz-nos sempre mais além, da nossa nação até nações vizinhas e, assim, de nações a nações, de um tempo a outro tempo ainda. Por fim, na Antiguidade, somos conduzidos dos Romanos aos Gregos, aos Egípcios, aos Persas, e assim sucessivamente; não há aqui, manifestamente, qualquer termo final. Vamos dar aos tempos primitivos, e não podemos evitar considerar a obra, significativa e rica em ideias, de Menghin sobre a *História Universal da Idade da Pedra.*[1] Com este procedimento, a humanidade aparece como uma única vida de homens e povos, ligada apenas por relações espirituais, com uma profusão de tipos de humanidade e de cultura que, porém, correm fluentemente uns para os outros. É como um mar, no qual os homens e os povos são como ondas que fugazmente se formam, se alteram e de novo desaparecem, umas encrespando-se mais rica e complexamente, outras, de maneira mais primitiva.

<**320**> No entanto, por uma consideração mais consequente e voltada para o interior, notamos traços de união e diferenças novas e peculiares. Por mais que as nações europeias possam estar inimizadas, elas têm, porém, um especial parentesco interno, no plano do espírito, que a todas atravessa e que sobreleva as diferenças nacionais. É qualquer coisa como uma irmandade, que nos dá, nestes círculos, a consciência de um solo pátrio. Isto prontamente sobressai assim que queiramos compreender, por exemplo, a historicidade indiana, com os seus múltiplos povos e

1 **N.T.:** Oswald Menghin – *Weltgeschichte der Steinzeit.* Wien: A. Schroll Co., 1931.

formações culturais. Neste círculo, há de novo unidade de um parentesco familiar, mas que é estranho para nós. Por outro lado, os Indianos vivem-nos como estranhos, e só entre si se vivem como confrades. No entanto, esta diferença de essência entre ser compatriota e estrangeiro, uma categoria fundamental de toda a historicidade, relativizando-se em múltiplos níveis, não pode bastar. A humanidade histórica não se articula de um modo sempre igual de acordo com esta categoria. Sentimos isso precisamente na nossa Europa. Há nela qualquer coisa singular, que todos os outros grupos humanos sentem também em nós como algo que, abstraindo de todas as considerações de utilidade, se torna para eles um motivo para sempre se europeizarem, apesar da vontade inquebrável de autopreservação espiritual, enquanto nós, se bem nos compreendermos a nós próprios, jamais nos quereremos, por exemplo, indianizar. Quero com isto dizer que sentimos (e, apesar de toda a falta de clareza, este sentimento tem plenamente a sua razão de ser) que, na nossa humanidade europeia, está inata uma entelequia que rege, de uma ponta a outra, a deveniência das formas europeias e lhes confere o sentido de um desenvolvimento para uma forma de vida e de ser ideais, como para um polo eterno. Não como se se tratasse, aqui, de um dos bem conhecidos esforços em direção a fins, que dão o seu caráter ao domínio físico dos seres orgânicos; por conseguinte, de qualquer coisa como o desenvolvimento biológico, em graus sucessivos, de uma forma embrionária até a maturidade, com o sequente envelhecimento e morte. Por razões essenciais, não há nenhuma zoologia dos povos. Eles são unidades espirituais; não têm, e particularmente não o tem a supranacionalidade Europa, nenhuma forma madura, já alcançada ou a alcançar, enquanto forma para uma repetição regular. O *télos* espiritual da humanidade europeia, no **<321>** qual estão encerrados os *telé* particulares das nações isoladas e dos homens individuais, reside no infinito, é uma ideia infinita, para a qual, por assim dizer, tende, de modo oculto, o inteiro devir espiritual. Assim que, no curso do desenvolvimento, ele se torna consciente enquanto *télos*, torna-se, também, de modo necessário, algo prático, enquanto fim para a vontade, e com isso se introduz um novo e mais elevado nível de desenvolvimento, que está sob a direção de normas, de ideias normativas.

Tudo isso, porém, não pretende ser uma interpretação especulativa da nossa historicidade, mas antes a expressão de um pressentimento vívido, que se eleva na reflexão sem preconceitos. Este nos dá, contudo, uma guia intencional para discernir, na história da Europa, conexões altamente significativas, em cuja prossecução o pressentimento se torna para nós certeza comprovada. Pressentimento é, segundo o modo do sentimento, o indicador de caminhos em todas as descobertas.

Passemos ao desenvolvimento. A Europa espiritual tem um lugar de nascimento. Não quero dizer com isto um lugar de nascimento geográfico em um território, se bem que também isso suceda, mas antes um lugar de nascimento espiritual em uma nação, ou seja, nos homens individuais e grupos humanos dessa nação. Essa nação é a Grécia Antiga dos séculos VII e VI a.C. Nela surge uma *atitude de tipo novo* dos indivíduos para com o mundo circundante. Como sua consequência, verifica-se a irrupção de um tipo de formações espirituais completamente novas, crescendo rapidamente para uma forma cultural sistematicamente fechada sobre si; os gregos denominaram-na *Filosofia.* Corretamente traduzida, no sentido originário, esta palavra não quer dizer outra coisa senão Ciência Universal, ciência do todo mundano, da unidade total de tudo aquilo que é. Bem depressa começa o interesse pelo todo e, com isso, a pergunta pelo devir omnienglobante, e pelo ser no devir, começa a particularizar-se segundo as formas e regiões gerais do ser – assim se ramifica a Filosofia, a Ciência una, em uma diversidade de ciências particulares.

Na irrupção da Filosofia neste sentido – na qual todas as ciências estão, por conseguinte, incluídas – vejo eu, por mais paradoxal que isso possa soar, o protofenômeno da Europa espiritual. Por meio de explanações mais detalhadas, por mais sucintas que tenham de ser, a aparência de paradoxo depressa será afastada.

<322> Filosofia, Ciência, é o título para uma classe especial de formações culturais. O movimento histórico que tomou a forma e o estilo da supranacionalidade europeia avança para uma forma normativa que reside no infinito, mas não para uma que fosse já legível na mutação das formas, por meio de uma simples consideração morfológica exterior. O permanente estar dirigido para a norma habita interiormente a vida intencional das pessoas individuais e, a partir daí, das nações e das suas sociedades particulares e, finalmente, do organismo das nações ligadas enquanto Europa; certamente que não habita todas as pessoas, não está plenamente desenvolvido nas personalidades de nível superior constituídas por atos intersubjetivos, mas, apesar de tudo, habita-as sob a forma de uma marcha necessária do desenvolvimento e propagação de um espírito de normas universalmente válidas. Isto tem ao mesmo tempo, porém, o significado de uma progressiva transformação da humanidade no seu todo, por via da formação de ideias que se tornam eficazes em pequenos, pequeníssimos círculos. As ideias - ou seja, as formações de sentido, produzidas nas pessoas individuais, com o maravilhoso modo novo de albergar em si infinitudes intencionais - não são como as coisas reais no espaço que, entrando no campo da experiência humana, não têm ainda qualquer significado para os homens enquanto pessoas. Com a primeira concepção de ideias, torna-se o homem, gradualmente, um novo homem. O seu ser espiritual entra no movimento de uma reformação progressiva. Este movimento desenrola-se, desde o início, comunicativamente; no seu próprio círculo de vida, ele desperta um novo estilo de existência pessoal e, através da recompreensão do outro, um correspondente novo devir. Nele se difunde, desde logo (e, no seguimento, também para lá dele), uma humanidade especial que, vivendo na finitude, vive para o polo da infinitude. Precisamente com isso surge um novo modo de comunalização e uma nova forma de comunidade duradoura, cuja vida espiritual, comunalizada pelo amor das ideias, pela produção de ideias e a normalização ideal da vida, traz em si

a infinitude como horizonte de futuro: o de uma infinitude de gerações que se renovam a partir do espírito das ideias. Isto se consuma, primeiro, no espaço espiritual de uma nação, a nação grega, enquanto desenvolvimento da Filosofia e da comunidade filosófica. Em unidade com isso, surge nesta nação, desde logo, um espírito de cultura universal, **<323>** que atrai com o seu sortilégio o todo da humanidade, e assim se produz uma progressiva mutação sob a forma de uma nova historicidade.

Este esboço grosseiro ganhará plenitude e maior compreensibilidade se seguirmos no encalço da origem histórica da humanidade filosófica e científica, esclarecendo, a partir daí, o sentido da Europa e, com isso, do novo tipo de historicidade que se destaca da história universal com esta nova espécie de desenvolvimento.

Para começar, aclaremos a assinalável peculiaridade da Filosofia, desdobrada em sempre novas ciências especiais. Contrastemo-la com outras formas culturais, já disponíveis na humanidade pré-científica, contrastemo-la com os ofícios, a cultura do solo, com a cultura doméstica etc. Todas elas designam classes de produtos culturais, com os correspondentes métodos para a produção bem-sucedida. De resto, elas têm uma existência transitória no mundo circundante. Por outro lado, as aquisições científicas, depois de, para elas, terem sido obtidos os métodos de produção bem-sucedida, têm um modo de ser totalmente diferente, uma totalmente diferente temporalidade. Elas não se desgastam, são imperecíveis; a produção repetida não produz algo semelhante, algo de igualmente utilizável, no melhor dos casos, ela produz, sim, qualquer que seja o número de produções da mesma pessoa e de quaisquer outras pessoas, identicamente o mesmo, algo idêntico segundo o seu sentido e validade. As pessoas ligadas umas às outras na compreensão recíproca atual não podem deixar de experienciar o que foi produzido pelos companheiros respectivos, em atos de produção iguais, como identicamente o mesmo que o que elas próprias produzem. Por outras palavras: aquilo que o fazer científico obtém não é algo real, mas, sim, ideal.

Mas há mais ainda: o que é assim obtido como válido, como verdade, serve de material para a possível produção de idealidades de nível superior e de sempre outras novas. No interesse teórico desenvolvido, tudo o que é obtido conserva de antemão o sentido de uma finalidade simplesmente relativa, torna-se ponto de passagem para finalidades sempre novas, sempre de um nível superior, em uma infinitude prefigurada como campo de trabalho universal, como "domínio" da Ciência. Ciência designa, portanto, a ideia de uma infinitude de tarefas, das quais, em cada tempo, uma parte finita está já acabada e é conservada como uma validade persistente. Esta **<324>** parte forma, ao mesmo tempo, o fundo de premissas para um horizonte infinito de tarefas, enquanto unidade de uma tarefa omnienglobante.

Todavia, algo importante deve ser aqui notado em jeito de complemento. Na Ciência, a idealidade dos produtos do trabalho científico – as verdades – não significa a simples repetibilidade sob identificação do sentido e da comprovação: a ideia de verdade, no sentido da Ciência, aparta-se (e teremos ainda de falar disso) da verdade da vida pré-científica. Ela quer ser verdade incondicionada. Reside aí uma infinitude que dá, a cada verdade e comprovação fáticas, o caráter de ser apenas relativa, de ser uma simples aproximação, referida precisamente ao horizonte infinito no qual a verdade em si vale, por assim dizer, como ponto infinitamente distante. Correlativamente, esta infinitude reside também, então, no "ser efetivo" em sentido científico, assim como, de novo, na validade "universal" para "qualquer um", entendido este "qualquer um" enquanto sujeito de todas as fundamentações a realizar; não mais se trata, pois, de falar de "qualquer um" no sentido finito da vida pré-científica.

Depois dessa caracterização da peculiar idealidade científica, com as infinitudes ideais multiplamente implicadas no seu sentido, sobressai, diante do nosso resumo histórico, um contraste que enunciamos nesta proposição: nenhuma outra forma de cultura no horizonte histórico antes da Filosofia é, em um sentido tal, cultura de ideias, nenhuma conhece tarefas infinitas, nenhuma conhece tais universos de idealidades que, segundo o seu sentido, são portadores da infinitude, tanto enquanto totalidades, como segundo as suas individualidades, bem como ainda segundo os seus métodos de produção.

A cultura extracientífica, ainda não tocada pela Ciência, é tarefa e realização do homem na finitude. O horizonte aberto sem fim, no qual ele vive, não é descerrado, os seus fins e o seu agir, o seu modo de viver, a sua motivação pessoal, de grupo, nacional, mítica – tudo isso se movimenta na circum-mundaneidade da circunspecção finita. Não há aí nenhuma tarefa infinita, nenhum adquirido ideal, cuja infinitude seja o próprio campo de trabalho, e, sem dúvida, o seja de um modo tal que, para aquele mesmo que trabalha, tenha conscientemente, como seu modo de ser, o sentido de um campo infinito de tarefas.

<**325**> Todavia, com o surgimento da Filosofia Grega e a sua primeira formulação, em uma idealização consequente, do novo sentido da infinitude, consuma-se, a este respeito, uma transformação continuada, que finalmente atrai para a sua esfera todas as ideias da finitude e, com isso, a inteira cultura espiritual e a humanidade que lhe é correlativa. Para nós, Europeus, há ainda, fora da esfera filosófico-científica, variadíssimas ideias infinitas (se esta expressão é aqui permitida), mas elas têm de agradecer o caráter análogo de infinitude (tarefas infinitas, finalidades, comprovações, verdades, "verdadeiros valores", "bens autênticos", normas "absolutamente" válidas) à transformação da humanidade através da Filosofia e das suas idealidades. Cultura científica sob ideias de infinitude significa, por conseguinte, uma revolução da cultura no seu todo, uma revolução do inteiro modo de ser da humanidade enquanto criadora de cultura. Ela significa, também, uma revolução da historicidade, a qual é, agora, história do desfazer-se da humanidade finita no fazer-se humanidade de tarefas infinitas.

Encontramos aqui a objeção, fácil, de que a Filosofia, a Ciência dos Gregos, não é para eles emblemática, não é algo que com eles por vez primeira tivesse vindo ao mundo. Ao fim e ao cabo, eles próprios nos falam dos sábios egípcios, babilônios etc., e aprenderam, de fato, muitas coisas com eles. Possuímos, hoje em dia, uma profusão de trabalhos sobre a Filosofia Indiana, a Filosofia Chinesa etc., nos quais estas são postas no mesmo plano que a Filosofia Grega e são tomadas como simples enformações históricas diversas no interior de uma mesma ideia de cultura. Naturalmente que não falta aqui algo comum. No entanto, não devemos permitir que o geral simplesmente morfológico encubra as profundezas intencionais e nos torne cegos para as mais essenciais diferenças de princípio.

Antes do mais, a própria atitude de ambos os "filósofos", a direção universal do seu interesse, é já fundamentalmente diferente. Podemos verificar, em um lado e em outro, um interesse abrangendo o mundo, um interesse que conduz de ambos os lados – por conseguinte, também nas "filosofias" indiana, chinesa e semelhantes – a conhecimentos universais do mundo, operando, por todo lado, como um interesse vocacional de vida e conduzindo, através de motivações compreensíveis, **<326>** a comunidades de vocação em que, de geração em geração, os resultados gerais se propagam e, correspondentemente, se aperfeiçoam. Só com os gregos temos, porém, um interesse de vida universal ("cosmológico") na forma de tipo essencialmente novo de uma atitude puramente "teórica", e isto enquanto forma comunitária em que este interesse tem eficácia a partir de fundamentos internos: a correspondente comunidade de tipo novo dos filósofos, dos cientistas (os matemáticos, os astrônomos, etc.) Eles são os homens que, não isoladamente, mas antes uns com os outros e uns para os outros, portanto, em trabalho comunitário ligado interpessoalmente, almejam e alcançam a teoria e nada de diferente da teoria, cujo crescimento e permanente aperfeiçoamento, com o alargamento do círculo de colaboradores e a sucessão das gerações de investigadores, são finalmente assumidos pela vontade com o sentido de uma tarefa infinita a todos comum. A atitude teórica tem nos gregos a sua origem histórica.

Falando em termos gerais, *atitude* significa um estilo habitualmente fixo da vida volitiva em direções da vontade ou interesses por ele prefigurados, em fins últimos, em realizações culturais cujo estilo de conjunto fica, portanto, deste modo determinado. Neste estilo persistente, enquanto forma normal, decorre a vida em cada caso determinada. Os teores concretos da cultura mudam em uma historicidade relativamente fechada. Na sua situação histórica, a humanidade (ou seja, uma comunidade fechada, como a nação, a tribo etc.) vive sempre em uma ou outra atitude. A sua vida tem sempre um estilo normal e, nele, uma constante historicidade ou desenvolvimento.

Por conseguinte, na sua novidade, a atitude teórica refere-se retrospectivamente a uma atitude precedente, que era antes a norma, ela caracteriza-se como conversão de atitude.[2] Considerando universalmente a historicidade da existência humana em todas as suas formas comunitárias e nos seus níveis históricos, é agora visível que uma certa atitude é, por essência, a atitude em si primeira, ou seja, que um certo estilo normal do existente humano (dito numa generalidade formal) marca uma primeira historicidade, no interior da qual o estilo normal, de cada vez faticamente atual, do existente criador de cultura permanece formalmente o mesmo em toda ascensão, decadência ou estagnação. **<327>** Falamos, a este respeito, da atitude natural, primeva, da atitude da vida originariamente natural, da primeira forma originariamente natural das culturas, superiores ou inferiores, desenvolvendo-se sem impedimentos ou estagnantes. Todas as outras atitudes estão, assim, retrospectivamente referidas a esta atitude natural enquanto conversões. Falando mais concretamente, em uma das atitudes naturais historicamente fatuais da humanidade devem surgir, a partir da situação interna e externa que, em um determinado momento

2 **N.T.:** Jogo de palavras entre *Einstellung*, aqui traduzido por "atitude", e *Umstellung*, reorientação, transposição, conversão. Optamos por "conversão de atitude", ou simplesmente "conversão", para *Umstellung* e por "converter" quando se trata, no mesmo contexto de sentido, do verbo *umstellen* e suas flexões.

do tempo, se tornou concreta, motivos que, no seu interior, levem primeiro homens isolados e depois grupos humanos a uma conversão.

Como se deve caracterizar, então, a atitude por essência originária, o modo histórico fundamental do existente humano? Respondemos: compreensivelmente, por razões generativas, os homens vivem sempre em comunidades, na família, na tribo, na nação, estando estas, por sua vez, mais rica ou mais pobremente articuladas em socialidades particulares. A vida natural caracteriza-se, agora, como uma vida que, ingênua e diretamente, se entrega ao mundo, ao mundo que, enquanto horizonte universal, está sempre aí consciente de um certo modo, mas não tematicamente. Temático é aquilo para que estamos dirigidos. A vida desperta é sempre um estar dirigido para isto ou para aquilo, dirigido para isto enquanto fim ou meio, enquanto relevante ou irrelevante, para o interessante ou o indiferente, o privado ou o público, para o que é quotidianamente indispensável ou para algo irrompendo como novo. Tudo isto repousa no horizonte do mundo, mas são precisos motivos particulares para que quem está agarrado a uma tal vida mundana se converta e, por aí, chegue de algum modo a fazer dessa vida um tema e a ganhar por ela um interesse persistente.

Todavia, aqui são necessárias explanações mais detalhadas. Os homens individuais que se convertem têm, enquanto homens, a sua comunidade universal de vida (a sua nação) e também os seus interesses naturais continuados, cada um os seus próprios interesses; não os podem perder simplesmente por qualquer conversão, porque isso seria, para cada um deles, deixar de ser quem é, deixar de ser aquilo em que se tornou desde o nascimento. Quaisquer que sejam as circunstâncias, a conversão só pode, portanto, durar um lapso de tempo; ela só pode ter uma validade continuada para toda a restante vida sob a forma de uma decisão incondicionada da vontade de reassumir, em lapsos de tempo periódicos, mas intimamente unificados, <**328**> sempre a mesma atitude e de manter firmemente como válidos e realizáveis estes interesses de novo tipo através desta continuidade – lançando intencionalmente pontes sobre as descontinuidades – e de, finalmente, realizá-los nas formas culturais correspondentes.

Conhecemos situações semelhantes nas profissões que surgem já nas vidas de cultura naturalmente originárias, com as suas temporalidades profissionais periódicas, que permeiam a restante vida e a sua temporalidade concreta (as horas de serviço do funcionário etc.).

Agora, dois casos são possíveis. Ou os interesses da nova atitude querem servir os interesses da vida natural ou, coisa que é essencialmente o mesmo, da práxis natural, caso em que a nova atitude será, ela própria, uma atitude prática. Isto pode ter, agora, um sentido semelhante ao da atitude prática do político que, enquanto funcionário da nação, está dirigido para o bem geral e, por conseguinte, quer servir, pela sua própria práxis, a práxis de todos os outros (e, mediatamente, também a sua própria). Isto pertence, certamente, ainda ao domínio da atitude natural, a qual, por essência, se diferencia nos diversos tipos de membros da comunidade e é, de fato, diferente para aqueles que regem a comunidade e para os "cidadãos" – ambos tomados, naturalmente, no sentido mais lato possível. Em todo caso, a analogia torna compreensível que a universalidade de uma atitude prática – no caso vertente, uma que se dirige para o mundo no seu todo – não tem, de modo nenhum, de querer dizer um estar interessado e ocupado com todas as individualidades e totalidades particulares no interior do mundo, coisa que seria certamente impensável.

Perante a atitude prática de grau superior, há, porém, ainda uma outra possibilidade essencial de alteração da atitude natural geral (que logo aprenderemos a conhecer no caso tipo da atitude mítico-religiosa), a saber, a *atitude teorética* – assim a denominamos de antemão porque nela surge, por um desenvolvimento necessário, a teoria filosófica, que se torna um fim autônomo ou um campo de interesse. A atitude teorética, se bem que seja, de novo, uma atitude profissional, é totalmente não prática. No quadro da sua vida profissional própria, ela repousa, por conseguinte, em uma *epoché* voluntária de toda e qualquer práxis – e também da de grau superior – que esteja ao serviço da naturalidade.

<329> Todavia, seja desde já dito que, com isto, não se fala de modo nenhum de um "estrangulamento" definitivo do fluxo entre vida teorética e vida prática, correspondentemente, de uma desagregação da vida concreta do teórico em duas continuidades de vida desenrolando-se desconexamente, coisa que, socialmente falando, teria, portanto, como significado o surgimento de duas esferas culturais espiritualmente sem conexão. Porque é ainda possível uma terceira forma da atitude natural (frente à atitude mítico-religiosa naturalmente fundada e, por outro lado, à atitude teorética), a saber, a síntese de ambos os interesses, que se consuma na passagem da atitude teorética para a prática, de tal modo que a teoria, surgindo em uma unidade fechada e sob *epoché* de toda e qualquer práxis (a Ciência Universal), é chamada (e na própria intelecção teorética atesta ela o seu chamamento) a servir de um modo novo a humanidade, a qual, na sua existência concreta, vive sempre primeiro de modo natural. Isto sucede sob a forma de uma práxis de um tipo novo, o da crítica universal de toda a vida e de todas as finalidades da vida, de todas as formações e sistemas culturais já surgidos a partir da vida dos homens e, com isso, também uma crítica da própria humanidade e dos seus valores reitores, tanto expressos como inexpressos; e, em uma consequência mais lata, sob a forma de uma práxis que tem em vista elevar a humanidade, segundo normas de verdade de todas as formas, através da razão científica universal, modificá-la desde a raiz em uma nova humanidade, capacitada para uma autorresponsabilidade absoluta com base em intelecções teoréticas absolutas. Todavia, antes desta síntese da universalidade teorética e da práxis universalmente interessada, há, manifestamente, uma outra síntese da teoria e da práxis – a saber, o aproveitamento para a práxis da vida natural de resultados limitados da teoria, das ciências especializadas, limitadas, que deixam a universalidade do interesse teórico cair na especialização. Portanto,

aqui se ligam, por finitização, a atitude originariamente natural e a atitude teorética.

Para a compreensão mais aprofundada da Ciência greco-europeia (falando universalmente: a Filosofia) na sua diferença de princípio a respeito das “filosofias” orientais, que se supõe serem equivalentes, é agora necessário considerar mais de perto a atitude prático-universal, **<330>** tal como ela criou estas filosofias antes da ciência europeia, e esclarecê-la enquanto atitude mítico-religiosa. É um fato bem conhecido, mas também uma visível necessidade de essência, que, a cada humanidade vivendo naturalmente – antes da irrupção e da efetuação da Filosofia Grega e, deste modo, antes de uma consideração científica do mundo –, correspondem motivos mítico-religiosos e uma práxis mítico-religiosa. A atitude mítico-religiosa consiste, agora, em que o mundo, enquanto totalidade, se torna temático e, decerto, temático de um modo prático; o mundo – tal quer naturalmente dizer, aqui, o mundo que é concreta e tradicionalmente válido para a correspondente humanidade (digamos, a nação), por conseguinte, o mundo miticamente apercebido. A esta atitude mítico-natural pertencem, de antemão e primeiro que tudo, não apenas homens e animais e outros seres sub-humanos e subanimais, mas também seres sobre-humanos. O olhar que os abarca enquanto totalidade é prático, mas não como se o homem que, no deixar-se viver natural, está apenas atualmente interessado em realidades particulares, pudesse alguma vez chegar a uma situação em que, subitamente, tudo fosse, de modo igual e em conjunto, para ele relevante do ponto de vista prático. Mas, uma vez que o todo do mundo vale como mundo regido por poderes míticos e que o destino do homem depende, mediata ou imediatamente, do modo como esses poderes exercem o seu domínio, a consideração mítico-universal do mundo é, possivelmente, incitada pela práxis e é, então, ela própria uma consideração praticamente interessada. Motivados para esta atitude mítico-religiosa estão, compreensivelmente, os sacerdotes, pertencentes a uma casta sacerdotal que administra unitariamente os interesses mítico-religiosos e a sua tradição. Nela surge e se propaga o "saber", linguisticamente cunhado e fixado, acerca dos poderes míticos (pensados de um modo pessoal, no sentido mais alargado). Ele toma, a partir de si mesmo, a forma de especulação mítica, a qual, surgindo como interpretação ingenuamente convincente, transforma o próprio mito. Compreende-se, assim, que o olhar esteja constantemente codirigido para o restante mundo regido pelos poderes míticos e para o que lhe corresponde de seres humanos e sub-humanos (que, de resto, não estando fixados no seu ser próprio, estão abertos ao influxo de elementos míticos), para o modo como esses poderes regem os acontecimentos deste mundo, para o modo como eles próprios **<331>** se devem juntar em uma ordem suprema de poder, para o modo como, por fim, eles intervêm, através de funções e funcionários individuais, criando, executando e impondo o destino. Todo este saber especulativo tem, porém, como finalidade servir os homens nas suas finalidades humanas, para que conformem a sua vida mundana do modo mais feliz possível, possam protegê-la da doença, da fatalidade de todo tipo, da miséria e da morte. É concebível que, nesta consideração e conhecimento mítico-prático do mundo, possam surgir muitos conhecimentos cientificamente aproveitáveis acerca do mundo fatual, ou seja, do mundo conhecido a partir da experiência científica. Mas, no seu contexto de sentido, eles são e permanecem conhecimentos mítico-práticos, e é um erro e uma falsificação do sentido que alguém, porque foi formado nos modos de pensar criados na Grécia e aperfeiçoados na Modernidade, fale já de Filosofia e Ciência Indiana e Chinesa (Astronomia, Matemática), interpretando europeiamente, portanto, a Índia, a Babilônia e a China.

Dessa atitude universal, mas mítico-prática, destaca-se nitidamente, agora, a atitude "teorética", não prática em qualquer dos sentidos anteriores, a do θαυμάζειν a que as figuras maiores do primeiro período culminante da Filosofia Grega, Platão e Aristóteles, reconduzem a origem da Filosofia. Apodera-se dos homens o fervor de uma consideração e de um conhecimento do mundo que se afasta de todo e qualquer interesse prático e que, no círculo fechado das suas atividades cognitivas e nos tempos a elas consagrados, nada mais almeja e alcança que pura teoria. Por outras palavras, o homem torna-se um espectador descomprometido, sinótico, do mundo, torna-se um filósofo; ou melhor: a partir daí, a sua vida torna-se receptiva apenas às motivações que são possíveis nesta atitude, motivações para novos objetivos de pensamento e métodos, através dos quais se realiza, por fim, a Filosofia, e o próprio homem se realiza enquanto filósofo.

Naturalmente, a irrupção da atitude teorética tem, como tudo o que se forma historicamente, a sua motivação fática no contexto concreto do acontecer histórico. Importa, portanto, a este respeito, esclarecer como, a partir do tipo e do horizonte de vida da humanidade grega do século VII <**332**> no seu comércio com as grandes e já altamente cultivadas nações do seu mundo circundante, aquele θαυμάζειν pôde aparecer e tornar-se habitual, primeiro que tudo nos indivíduos singulares. Não vamos entrar em detalhes; é mais importante, para nós, compreender o caminho motivacional, o caminho da doação e criação de sentido que conduz da simples conversão de atitude, ou seja, do simples θαυμάζειν, até a teoria – um fato histórico que deve ter, porém, a sua essencialidade própria. Importa esclarecer a transmutação que vai da teoria originária, da visão do mundo (conhecimento do mundo a partir da simples visão universal) totalmente "descomprometida" (decorrente da *epoché* de todo e qualquer interesse prático) até a Ciência autêntica, ambas mediadas pelo contraste entre δόζα e ἐπιστήμη. O interesse teorético incipiente, enquanto θαυμάζειν, é manifestamente uma modificação dessa curiosidade que tem já o seu lugar originário na vida natural, enquanto brecha na marcha da "vida séria", seja como efeito de interesses de vida originalmente formados, seja como um olhar lançado em volta como que por jogo, quando estão satisfeitas as necessidades diretas atuais ou quando estão decorridas as horas de ocupação profissional. A curiosidade (aqui não como "vício" habitual) é também uma modificação, um interesse que se eximiu aos interesses vitais, deixou-os cair.

Instalado nessa atitude, o homem vê, primeiro que tudo o mais, a diversidade das nações, a sua própria e as estrangeiras, cada uma com o seu próprio mundo circundante, que vale evidentemente para ela como o mundo efetivo puro e simples, com as suas tradições, os seus deuses, demônios, as suas potestades míticas. Neste contraste espantoso, sobrevém a distinção entre representação do mundo e mundo efetivo, e surge a nova pergunta pela verdade; por conseguinte, não a verdade do quotidiano, vinculada à tradição, mas antes uma verdade idêntica, válida para todos que não estão ofuscados pela tradição, uma verdade em si. Compete, portanto, à atitude teorética do filósofo que ele esteja constantemente e de antemão decidido a consagrar sempre a sua vida futura, no sentido de uma vida universal, à tarefa da teoria, a edificar conhecimento teorético sobre conhecimento teorético *in infinitum.*

Em personalidades singulares, como Tales etc., origina-se, com isso, uma nova humanidade; homens que criam por vocação a vida filosófica, **<333>** que criam a Filosofia como uma forma cultural de tipo novo. Compreensivelmente, origina-se, do mesmo lance, um correspondente tipo novo de comunalização. Estas formações ideais da teoria são, sem mais, vividas e assumidas conjuntamente pela recompreensão do outro e pela reprodução. Sem mais, elas conduzem ao trabalho conjunto, que se entreajuda pela crítica. Mesmo os que estão à margem, os não filósofos, tornam-se atentos a um tão singular fazer e agir. Recompreendendo os outros, ou se tornam eles próprios filósofos, ou se tornam discípulos, se estão já profissionalmente muito manietados. Assim se difunde a Filosofia de uma maneira dupla: enquanto ampliação da comunidade de vocação dos filósofos e enquanto ampliação conjunta do movimento comunitário da educação. Mas aqui reside, também, a origem da cisão interna, posteriormente tão decisiva, da unidade do povo em cultos e incultos. Manifestamente, esta tendência de difusão não tem, porém, os seus limites na nação natal. Diferentemente de todas as outras obras culturais, ela não é um movimento do interesse vinculado ao solo da tradição nacional. Também os homens de nações estrangeiras aprendem a recompreender e tomam, em geral, parte na violenta transformação cultural que irradia da Filosofia. Todavia, isto mesmo precisa ainda de ser caracterizado.

Da Filosofia, que se amplia na forma da investigação e da educação, deriva um duplo efeito espiritual. Por um lado, o mais essencial da atitude teorética do homem filosófico é a peculiar universalidade da postura crítica, a qual está decidida a não aceitar sem questão qualquer opinião pré-dada, qualquer tradição, de modo a que possa perguntar logo de seguida, a respeito do todo do universo pré-dado segundo a tradição, pelo que é em si verdadeiro, por uma idealidade. Mas isto não é apenas uma nova postura cognitiva. Em virtude da exigência de submeter a empiria no seu todo a normas ideais – a saber, as da verdade incondicionada –, depressa resulta daí uma transformação de grande alcance da inteira práxis da existência humana e, portanto, da vida de cultura no seu todo; ela não mais deve deixar que as suas normas sejam tomadas da empiria ingênua do quotidiano e da tradição, mas antes da verdade objetiva. Assim devém a verdade objetiva um valor absoluto que, no movimento da educação e no constante efeito na formação dos jovens, **<334>** traz consigo uma práxis universal modificada. Se refletirmos um pouco mais neste tipo de transmutação, logo compreendemos o inevitável: se a ideia geral da verdade em si se torna a norma universal de todas as verdades relativas que surgem na vida humana, das verdades de situação efetivas ou supostas, então isto também diz respeito a todas as normas tradicionais, às normas do Direito, da beleza, da utilidade, dos valores pessoais dominantes, dos valores pessoais do caráter etc.

Resulta, portanto, uma particular humanidade e uma particular vocação de vida, em correlação com a realização de uma nova cultura. O conhecimento filosófico do mundo não cria apenas estes resultados de tipo particular, mas cria, antes, uma postura humana que imediatamente engrena em toda a restante vida prática, com todas as suas exigências e fins, os fins dessa tradição histórica no interior da qual se foi educado e de onde retiram a sua validade. Edifica-se entre os homens uma comunidade nova e íntima, poderíamos mesmo dizer, uma comunidade de puros interesses ideais – homens que vivem a Filosofia, entre si ligados pela dedicação às ideias que não são apenas úteis a todos, mas que são próprias de todos eles. Necessariamente forma-se uma eficiência comunitária de tipo particular, a do trabalhar com o outro e do trabalhar para o outro, mutuamente se coadjuvando no exercício crítico, a partir da qual resulta a verdade pura e incondicionada enquanto bem comum. A isso se junta, agora, a tendência necessária para a propagação do interesse, por meio da recompreensão do que foi pretendido e realizado; portanto, uma tendência para a inclusão de sempre novas pessoas ainda não filosóficas na comunidade dos filósofos. Assim acontece, primeiro, no interior da nação natal. A extensão não pode ocorrer exclusivamente como difusão da investigação científica profissional, mas, lançando as suas mãos muito além do círculo profissional, ela ocorre, antes, enquanto movimento educativo.

Se o movimento educativo se difunde para círculos cada vez mais largos de povos – e, por natureza, para os mais elevados, para os dominantes, para os menos constrangidos pelos cuidados da vida –, que consequências resultam daí? Manifestamente, isto não conduz simplesmente a uma modificação homogênea da normal vida do Estado e da Nação, satisfatória no seu conjunto, mas antes, com toda a probabilidade, a grandes **<335>** cisões interiores, nas quais esta vida e o todo da cultura nacional entram em convulsão. Os que estão conservadoramente satisfeitos com a tradição e o círculo humano dos filósofos tornam-se antagonistas mútuos e, seguramente, a luta desenrolar-se-á nas esferas políticas do poder. A perseguição inicia-se já nos próprios começos da Filosofia. São proscritos os homens cuja vida se entrega a estas ideias. Ainda assim, as ideias são sempre mais fortes que quaisquer poderes empíricos.

Além disso, temos também de tomar aqui em linha de conta que a Filosofia, provindo de uma atitude crítica universal contra toda e qualquer pré-doação tradicional, não é impedida na sua propagação por qualquer limite nacional. Apenas deve estar presente a capacidade de assumir uma atitude crítica universal, a qual tem certamente como pressuposto um certo nível de cultura pré-científica. Assim se pode propagar a convulsão da cultura nacional, primeiro que tudo quando a Ciência Universal em progresso se torna um bem comum para as nações, antes alheadas umas das outras, e a unidade de uma comunidade científica e educativa atravessa a pluralidade das nações.

Há ainda uma coisa importante que deve ser aqui trazida, respeitante à relação da Filosofia com as tradições. Duas possibilidades devem ser aqui consideradas. Ou o que vale segundo a tradição é totalmente rejeitado, ou o seu conteúdo é filosoficamente assumido e, com isso, também de novo formado no espírito da idealidade filosófica. Um caso notável é, aqui, o da Religião. Não quero pôr na sua conta as "religiões politeístas". Deuses no plural, poderes míticos de todo e qualquer tipo são objetos circum-mundanos com a mesma efetividade que animais ou homens. No conceito de Deus, o singular é essencial. Mas ele implica, do ponto de vista humano, que a sua validade de ser e de valor seja experienciada como um vínculo interior absoluto. Aqui se produz, agora, uma fusão desta absolutez com a da idealidade filosófica. No processo geral de idealização, que procede da Filosofia, Deus é, por assim dizer, logicizado, torna-se portador do *lógos* absoluto. Eu gostaria, de resto, de ver já o lógico no fato de a Religião apelar teologicamente para a evidência da fé, enquanto **<336>** tipo seu, mais próprio e profundo de fundamentação do verdadeiro ser. Os deuses nacionais estão, porém, simplesmente aí, sem questão, enquanto fatos reais do mundo circundante. Antes da Filosofia, ninguém levanta quaisquer questões crítico-gnosiológicas, quaisquer questões acerca da evidência.

No essencial, se bem que um pouco esquematicamente, está agora delineada a motivação histórica que torna compreensível como, a partir de um punhado de gregos extravagantes, pôde ser posta em marcha uma convulsão da existência humana e da sua inteira cultura, primeiro na sua própria nação e, depois, nas vizinhas. Mas é agora também visível que, a partir daqui, poderia despontar uma supranacionalidade de um tipo completamente novo. Refiro-me, naturalmente, à forma espiritual da Europa. Agora, não mais se trata de uma justaposição de diferentes nações, influenciando-se mutuamente apenas por lutas comerciais e de poder – um novo espírito, procedente da Filosofia e das ciências particulares, de livre crítica e de instituição de normas para tarefas infinitas domina a humanidade, cria novos e infinitos ideais! Estes o são para os homens individuais e as suas nações, são-no também para as próprias nações. Mas, finalmente, eles são também ideais infinitos para a síntese em expansão das nações, na qual cada uma destas nações, precisamente porque aspira à sua própria tarefa ideal no espírito da infinitude, oferece o seu melhor às nações com que está unida. Por via deste ofertar e receber, eleva-se o todo supranacional, com todas as suas sociedades escalonadas, preenchido pelo espírito exaltado de uma tarefa infinita, articulada em várias infinitudes, mas que é apenas uma única. Nesta sociedade total dirigida para o ideal, a Filosofia detém tanto a função de guia como as suas tarefas infinitas específicas; refiro-me à função de reflexão teorética livre e universal, que compreende todos os ideais e o ideal total – por conseguinte, o universo de todas as normas. Em uma humanidade europeia, a Filosofia tem constantemente de exercer a sua função, enquanto arconte de toda a humanidade.

II

Todavia, devem agora tomar voz os mal-entendidos, seguramente muito incisivos, e as objeções que, como me **<337>** quer parecer, retiram a sua força sugestiva dos preconceitos em moda e da sua fraseologia.

Não será o que foi aqui exposto uma intempestiva reabilitação do racionalismo, da "iluminice",[3] do intelectualismo que se vai perder em teorias alheadas do mundo, com as suas necessárias consequências nefastas do diletantismo inane, do snobismo intelectual? Não significa isto querer retornar, uma vez mais, ao erro fatal segundo o qual é a Ciência que faz sábios os homens, que ela está vocacionada para criar uma humanidade autêntica, que se sobreponha ao destino e que seja suficiente? Quem, hoje, levará ainda a sério estes pensamentos?

Essa objeção tem certamente uma legitimidade relativa para o estado do desenvolvimento europeu desde o século XVII até o fim do século XIX. Ela não toca o sentido próprio da minha exposição, porém. Quer-me parecer que eu, o suposto reacionário, sou muito mais radical e muito mais revolucionário que todos aqueles que, hoje em dia, se comportam tão radicalmente em palavras.

Também estou certo de que a crise europeia radica num racionalismo extraviado. Mas não se pode tomar isto como se a racionalidade enquanto tal fosse o mal, ou tivesse um significado subordinado no todo da existência humana: naquele sentido elevado e autêntico, de que exclusivamente falamos como sentido prístino grego, que se tornou um ideal no período clássico da Filosofia Grega, ela carece, decerto, de muitas clarificações na autorreflexão, mas é chamada, na sua forma amadurecida, a conduzir o nosso desenvolvimento. Por outro lado, concedemos de boa vontade (e o Idealismo Alemão há muito nos precedeu nesta visão) que a forma de desenvolvimento da *ratio*, enquanto Racionalismo do período do Iluminismo, foi um extravio, se bem que, ainda assim, um extravio compreensível.

---

3 **N.T.:** *Aufklärerei* – palavra pejorativa com que, em círculos hegelianos, se designou o movimento do Iluminismo, *Aufklärung*. Traduzimo-la por "iluminice", um neologismo que comporta também o mesmo sentido desdenhoso.

Razão é um título amplo. Segundo a boa velha definição, o homem é o ser vivo racional e, neste sentido amplo, o papua é também homem e não bicho. Ele tem as suas finalidades e age pensadamente, considerando as possibilidades práticas. As obras e os métodos resultantes entram na tradição, que é sempre de novo compreensível na sua racionalidade. Mas tal como o homem e o próprio papua **<338>** representam um novo nível da animalidade, a saber, em contraposição aos bichos, também a razão filosófica representa um novo nível da humanidade e da sua razão. O nível da existência humana sob[4] normas ideais para tarefas infinitas, o nível da existência *sub specie aeterni*, é, porém, apenas possível na absoluta universalidade, precisamente aquela que está, desde o início, contida na ideia de Filosofia. A Filosofia Universal, com todas as ciências particulares, constitui certamente uma aparição parcelar da cultura europeia. Mas está implícito no sentido de toda a minha exposição que esta parte seja, por assim dizer, o cérebro funcionante, de cujo funcionamento normal depende a autêntica, a saudável espiritualidade europeia. A humanidade elevada ao humano superior, ou à razão, exige, portanto, uma Filosofia autêntica.

Aqui reside, porém, o ponto periclitante! "Filosofia" - devemos, aqui, separar filosofia como fato histórico de um tempo determinado e Filosofia enquanto ideia, ideia de uma tarefa infinita. A filosofia de cada vez historicamente efetiva é a tentativa, mais ou menos conseguida, de realizar a ideia reitora da infinitude e mesmo da totalidade das verdades. Ideais práticos, a saber, ideais vistos como polos eternos de que não nos podemos desviar na nossa inteira vida sem arrependimento, sem nos tornarmos desleais e, por isso, infelizes, não são de modo algum, para este olhar, já claros e determinados, eles são antecipados em uma generalida-

4 **N.T.**: Lemos *under* em vez de *und der*, de acordo com a lição seguida já por David Carr (*vide The Crisis of European Sciences and Transcendental Phenomenology*. Evanston: Northwestern University Press, 1970. p. 290).

de plurívoca. A determinidade resulta somente do trabalho concreto e do fazer que é, no mínimo, relativamente bem-sucedido. Há, aí, a constante ameaça de se cair em unilateralidades e em contentamentos precipitados, que se vingam em contradições subsequentes. Daí o contraste entre as grandes pretensões dos sistemas filosóficos e o fato de serem entre si incompatíveis. A isso há que juntar a necessidade – e novamente – a periculosidade da especialização.

Assim pode a racionalidade unilateral tornar-se, sem dúvida, um mal. Podemos também dizer: pertence à essência da razão que os filósofos só possam compreender as suas tarefas infinitas e trabalhar nelas primeiro que tudo em uma unilateralidade absolutamente necessária. Não há aí nenhuma improcedência, nenhum erro, mas antes, como foi dito, o caminho que é para eles reto e necessário permite-lhes captar, de início, apenas um aspecto da tarefa, primeiro **<339>** sem notarem que a tarefa infinita no seu todo, o conhecimento teorético da totalidade daquilo que é, tem ainda outros aspectos. Se as insuficiências se anunciam em obscuridades e contradições, isso motiva um começo para uma reflexão universal. O filósofo deve, portanto, ter sempre em vista apoderar-se do sentido verdadeiro e completo da Filosofia, da totalidade dos seus horizontes de infinitude. Nenhuma linha de conhecimento, nenhuma verdade singular pode ser absolutizada e isolada. Somente nesta autoconsciência suprema, que se torna ela própria um dos ramos da tarefa infinita, pode a Filosofia preencher a sua função, pode pôr-se a caminho e, através dela, a autêntica humanidade. Mas que assim seja é coisa que pertence, também, de novo, ao campo de conhecimento da Filosofia no nível supremo de autorreflexão. Uma Filosofia é conhecimento universal apenas através desta constante reflexividade.

Disse: o caminho da Filosofia ultrapassa a ingenuidade. Este é, então, o lugar de crítica do tão afamado Irracionalismo, ou seja, o lugar para pôr a descoberto a ingenuidade desse racionalismo que é tomado pela racionalidade filosófica pura e simples, mas que é, seguramente, característico da Filosofia da Modernidade no seu conjunto, desde a Renascença, e se toma pelo Racionalismo efetivo e, portanto, universal. Nesta ingenuidade, inevitável no começo, estão, portanto, mergulhadas todas as ciências cujos começos já na Antiguidade se tinham desenvolvido. Dito com mais precisão: o título generalíssimo para esta ingenuidade é *objetivismo*, enformado nos diversos tipos do naturalismo, da naturalização do espírito. As antigas e as novas filosofias eram e permanecem ingenuamente objetivistas. Para ser justo, há que acrescentar que o Idealismo Alemão, procedente de Kant, estava já fervorosamente empenhado em superar uma ingenuidade que se tornara já muito sensível, sem que, porém, fosse capaz de atingir efetivamente o nível mais alto de reflexividade, decisivo para a nova forma da Filosofia e da humanidade europeia.

Só posso tornar compreensível o que foi dito por indicações grosseiras. O homem natural (tomemo-lo como o homem do período pré-filosófico) está mundanamente dirigido em todos os seus cuidados e fazeres. O seu campo de vida e de efetuação é o **<340>** mundo circundante estendendo-se espaço-temporalmente à sua volta, no qual ele próprio se inclui. Isto permanece conservado na atitude teorética, a qual, de início, não pode ser outra coisa senão essa atitude do espectador descomprometido de um mundo que, por essa via, se desmitifica. A Filosofia vê no mundo o universo daquilo que é, e o mundo torna-se mundo objetivo frente às representações do mundo, que mudam do ponto de vista das nações e das subjetividades individuais; a verdade torna-se, por conseguinte, verdade objetiva. Assim começa a Filosofia enquanto Cosmologia; como é compreensível, ela está, no seu interesse teorético, dirigida primeiro para a natureza corpórea, porque todo o dado espaço-temporal tem, em todo caso, pelo menos na sua base, a fórmula existencial da corporalidade. Homens e bichos não são simples corpos, mas, na direção circum-mundana do olhar, eles aparecem como qualquer coisa que é corporeamente e, por consequência, aparecem como realidades inseridas na espaço-temporalidade universal. Assim têm todos os acontecimentos anímicos – os do eu respectivo, como experienciar, pensar, querer – uma certa objetividade. A vida em comunidade, a das famílias, povos, e semelhantes, parece, então, dissolver-se nos indivíduos singulares, enquanto objetos psicofísicos; a vinculação espiritual através da causalidade psicofísica carece de uma continuidade puramente espiritual – a natureza física intervém em toda parte.

A marcha histórica do desenvolvimento está prefigurada, de modo determinado, por esta atitude para com o mundo circundante. Já o olhar mais fugidio para a corporalidade que pode ser encontrada de antemão no mundo circundante mostra que a natureza é um todo omniconectado homogêneo, por assim dizer, um mundo para si, abraçado pela espaço-temporalidade homogênea, repartido em coisas individuais, todas iguais entre si enquanto *res extensae* e determinando-se causalmente umas às outras. Muito depressa se dá um primeiro grande passo na descoberta: a superação da finitude da natureza já pensada como um em si objetivo, uma finitude não obstante a aberta ausência de fim. É descoberta a infinitude, primeiramente, na forma de idealização das grandezas, das medidas, dos números, das figuras, das retas, dos polos, das superfícies etc. A natureza, o espaço, o tempo tornam-se *idealiter* extensíveis ao infinito, assim como *idealiter* partíveis ao infinito. A partir da arte da Agrimensura desponta a Geometria, a partir da arte dos números, a Aritmética, da mecânica quotidiana, a Mecânica matemática etc. Transformam-se, agora, sem que <**341**> sobre isso seja formulada uma hipótese expressa, a natureza e o mundo intuitivos em um mundo matemático, o mundo das ciências matemáticas da natureza. A Antiguidade foi à frente neste caminho e, com a sua Matemática, consumou-se, ao mesmo tempo, a primeira descoberta de ideais infinitos e de tarefas infinitas. Isto se tornou, para todos os tempos posteriores, a estrela orientadora das ciências.

Que eficácia teve, agora, o sucesso embriagante desta descoberta da infinitude física para a tentativa de dominar cientificamente a esfera espiritual? Na atitude circum-mundana, na que é constantemente objetivista, todo o espiritual aparecia como que sobreposto na corporalidade. Está, assim, próxima uma transposição do modo de pensar científico-natural. Daí que encontremos, já nos começos, o Materialismo e o Determinismo de Demócrito. Os espíritos maiores, porém, recuam diante disso, e também diante de toda e qualquer psicofísica neste estilo novo. Desde Sócrates, o homem torna-se tema na sua específica humanidade como pessoa, na sua vida espiritual comunitária. O homem permanece inserido no mundo objetivo, mas torna-se já um tema maior para Platão e Aristóteles. Torna-se sensível, aqui, uma cisão digna de nota: o humano pertence ao universo dos fatos objetivos, mas, enquanto pessoas, enquanto eu, têm os homens objetivos fins, eles têm normas da tradição, normas de verdade – normas eternas. Se o desenvolvimento na Antiguidade se entorpece, nem por isso ele se perde, porém. Demos o salto para a chamada Modernidade. Com entusiasmo ardente, é retomada a tarefa infinita de um conhecimento matemático da natureza e do mundo em geral. Os resultados portentosos do conhecimento da natureza devem, agora, ter a sua contrapartida no conhecimento do espírito. A razão havia provado a sua força na natureza. "Tal como o Sol que alumia e aquece é um só, assim é também uma só a razão" (Descartes).[5] O método científico-natural deve também abrir os segredos do espírito. O espírito é real, objetivamente no mundo e, enquanto tal, fundado na corporalidade. A concepção do mundo assume, por conseguinte, de modo imediato e totalmente domi-

5 **N.T.**: Trata-se de uma citação truncada de um passo célebre das *Regulae ad directionem ingenii* (regra primeira), de Descartes, provavelmente de memória e por mistura com um outro não menos conhecido de Platão (*República*, VI 508b e segs.), onde há, de fato, a referência indireta, omissa em Descartes, a qualquer coisa como um poder generativo do calor do Sol. O texto de Descartes é o seguinte: "*Nam cùm scientiae omnes nihil aliud sint quàm humana sapientia, quae semper una & eadem manet, quantumvis differentibus subjectis applicata, nec majorem ab illis distinctionem mutuatur, quàm Solis lúmen à rerum, quas illustrat, varietate, non opus est ingenia limitibus vllis cohibere; neque enim nos vnius veritatis cognitio, veluti vnius artis vsus, ab alterius inventione dimovet, sed potiùs juvat*" (*Oeuvres de Descartes*. vol. X, p. 360).

nante, a forma de uma concepção dualista e, seguramente, psicofísica. A mesma causalidade, apenas duplamente cindida, abarca o mundo uno, o sentido da aclaração racional é por todo lado o mesmo, mas de tal modo que a aclaração do espírito, se quiser ser única e, com isso, **<342>** filosoficamente universal, reconduz de novo ao físico. Uma investigação aclaradora do espírito que seja pura e em si mesma fechada, uma psicologia ou doutrina do espírito puramente dirigida para o interior, para o eu, que, a partir da autovivência do psíquico, se estenda até a psique alheia – isso não pode existir, deve tomar-se antes o caminho pelo exterior, o caminho da Física e da Química. Todos os bem-queridos discursos sobre o espírito de comunidade, a vontade do povo, sobre ideais, sobre objetivos políticos das nações e coisas semelhantes são romantismo e mitologia, provindos da transposição analógica de conceitos que só têm um sentido próprio na esfera pessoal individual. O ser espiritual é fragmentário. À pergunta sobre a fonte de todos os mal-estares, há, agora, que responder: este objetivismo ou esta apreensão psicofísica do mundo é, apesar da sua aparente compreensibilidade, uma unilateralidade ingênua, que permaneceu incompreendida enquanto tal unilateralidade. A realidade do espírito como um suposto anexo real dos corpos, o seu suposto ser espaço-temporal no interior da natureza, tudo isso é um contrassenso.

Vale mostrar aqui, porém, para o nosso problema da crise, como sucedeu que a "Modernidade", tão orgulhosa, durante séculos, dos seus resultados teoréticos e práticos, tenha ela própria caído numa crescente insatisfação e tenha mesmo sentido a sua situação como uma situação de mal-estar. O mal-estar aloja-se em todas as ciências, finalmente como um mal-estar do método. Mesmo que incompreendido, o nosso mal-estar europeu diz respeito, porém, a muitos de nós.

Estes são problemas que provêm inteiramente da ingenuidade com que a ciência objetivista toma aquilo que ela designa como mundo objetivo pelo universo de todo o ser, sem com isso atentar que a subjetividade operante na ciência não pode, por direito, comparecer em nenhuma ciência objetiva. Todo aquele que foi formado científico-naturalmente acha compreensível que tudo o que é simplesmente subjetivo deva ser excluído e que o método científico-natural, apresentando-se nos modos subjetivos de representação, determine objetivamente. Assim, também procura ele o objetivamente verdadeiro para o psíquico. Com isso, é ao mesmo tempo assumido que o subjetivo, excluído pelo físico, deve ser investigado precisamente enquanto psíquico pela Psicologia, portanto, obviamente, pela Psicologia psicofísica. Mas o investigador da natureza não torna para si próprio claro que o fundamento constante do seu trabalho de pensamento – ao fim e ao cabo, um trabalho subjetivo – é o mundo circundante da vida, que este <**343**> é constantemente pressuposto como solo, como esse campo de trabalho unicamente pelo qual têm sentido as suas perguntas e os seus métodos de pensamento. Onde é, agora, submetido à crítica e à clarificação o método, essa peça poderosa que conduz do mundo intuitivo circundante até as idealizações da Matemática e sua interpretação como ser objetivo? As revoluções de Einstein dizem respeito às fórmulas com que foi tratada a *phýsis* idealizada e ingenuamente objetivada. Mas como as fórmulas em geral, como os objetos matemáticos em geral recebem sentido a partir do subsolo da vida e do mundo circundante intuitivo, acerca disso não aprendemos nada, e, assim, não reforma Einstein o espaço e o tempo em que se desenrola a nossa vida vivente.

A ciência matemática da natureza é uma técnica maravilhosa para fazer induções de uma capacidade operativa, de uma probabilidade, de uma precisão, de uma computabilidade que nunca antes puderam ser sequer imaginadas. Enquanto realização, ela é um triunfo do espírito humano. No que respeita, porém, à racionalidade dos seus métodos e teorias, ela é uma realização completamente relativa. Pressupõe já uma abordagem ao nível do fundamental que carece, ela própria, de uma efetiva racionalidade. Na medida em que o mundo circundante intuitivo, este mundo simplesmente subjetivo, é esquecido na temática científica, é também esquecido o próprio sujeito que trabalha e o cientista não se torna nunca um tema. (Assim, deste ponto de vista, a racionalidade das ciências exatas está na mesma linha da racionalidade das pirâmides egípcias.)

Certamente que, desde Kant, temos uma Teoria do Conhecimento propriamente dita, e, por outro lado, há ainda a Psicologia que, com as suas pretensões de exatidão científico-natural, quer ser a ciência geral e fundamental do espírito. Mas a nossa esperança de uma racionalidade efetiva, isto é, de uma intelecção efetiva, fica decepcionada, tanto aqui como em todo lado. Os psicólogos não notam, de todo, que também eles próprios, em si mesmos, enquanto cientistas operantes com o seu mundo circundante, não entram no seu tema. Não notam que necessariamente se pressupõem já de antemão a si próprios, enquanto homens comunalizados do seu mundo circundante e do seu tempo histórico, pelo próprio fato de quererem obter a verdade em si enquanto válida em geral para qualquer um. Por via deste objetivismo, a Psicologia não pode de maneira alguma tomar como tema a alma **<344>** no seu sentido mais próprio, isto é, o eu que age e padece. Ela pode bem objetivar e tratar indutivamente a vivência valorativa, a vivência da vontade, distribuindo-a pela vida corpórea, mas pode ela fazê-lo também com as finalidades, os valores, as normas, pode ela fazer da razão um tema, digamos, como "disposição"? Perde-se completamente de vista que o objetivismo, enquanto realização autêntica do investigador que se dirige por normas verdadeiras, pressupõe precisamente essas normas e que o objetivismo não quer, portanto, ser derivado de fatos, porque os fatos são já, com isso, visados enquanto verdades e não como coisas imaginárias. Sem dúvida que alguns sentem as dificuldades que aqui residem; assim se acende a polêmica acerca do psicologismo. Mas, com a rejeição de uma fundamentação psicologista das normas, sobretudo das normas para a verdade em si, nada está ainda feito. A necessidade de uma reforma da Psicologia da Modernidade no seu todo torna-se sensível de um modo cada vez mais geral, mas ainda não se compreende que ela fracassou por via do seu objetivismo, que ela não atinge, em geral, a essência própria do espírito, que o seu isolamento da alma, objetivamente pensada, e a sua nova interpretação psicofísica do ser-em-comunidade são uma inconsequência. Certamente que ela não trabalhou em vão e que apresentou, também, muitas regras empíricas bem úteis para a prática. Mas ela será tampouco uma efetiva Psicologia como a estatística moral, com os seus conhecimentos não menos valiosos, será já uma Ciência Moral.

Por todo lado, no nosso tempo, anuncia-se a necessidade candente de uma compreensão do espírito, e a obscuridade da relação metódica e substantiva entre as Ciências da Natureza e as Ciências do Espírito tornou-se quase insuportável. Dilthey, um dos maiores cientistas do espírito, pôs toda a energia da sua vida na clarificação da relação entre Natureza e Espírito, na clarificação da prestação da Psicologia psicofísica, a qual, como ele opinava, devia ser complementada por uma nova Psicologia, descritiva e analítica. Os esforços de Windelband e Rickert não produziram, infelizmente, as intelecções desejadas. Também eles, tal como os demais, permanecem presos ao objetivismo; e, por maioria de razão, também os novos psicólogos reformadores, que creem que toda a culpa reside no preconceito, há muito dominante, do atomismo, e que é chegado um tempo novo com a Psicologia da totalidade.[6] Jamais a situação poderá **<345>** melhorar, porém, enquanto o objetivismo, proveniente de uma atitude natural dirigida para a circum-mundaneidade, não for posto a nu na sua ingenuidade e enquanto não irromper o reconhecimento de que é uma inconsequência a concepção dualista do mundo, na qual Natureza e Espírito têm de valer como realidades de sentido similar, se bem que causalmente edificadas uma sobre a outra. Com toda a seriedade, sou da seguinte opinião: não existiu nunca nem existirá jamais uma ciência objetiva do espírito, uma doutrina objetiva da alma, objetiva no sentido

6 **N.T.**: *Ganzheitspsychologie* (ou também *Strukturpsychologie*) – alusão à escola de Leipzig, do início da década de 20 do século XX, centrada no conceito de *Ganzheit*, introduzido por Félix Krüger em oposição à psicofísica de cunho materialista e mecânico.

de atribuir às almas, às comunidades pessoais, inexistência[7] nas formas da espaço-temporalidade.

O espírito e só mesmo o espírito é em si próprio e para si próprio um ser, é independente e pode, nesta independência e apenas nela, ser tratado de modo verdadeiramente racional, de modo verdadeiramente científico a partir do fundamento. No que respeita, porém, à natureza na sua verdade científico-natural, ela só aparentemente é independente e só aparentemente pode ser levada, por si, ao conhecimento racional nas Ciências Naturais. Porque a natureza verdadeira no seu sentido, no sentido científico-natural, é produto do espírito que investiga a natureza e pressupõe, portanto, a Ciência do Espírito. Por essência, o espírito está capacitado para exercer o autoconhecimento e, enquanto espírito científico, o autoconhecimento científico, e isto iterativamente. Apenas no conhecimento científico-espiritual puro não fica o investigador embaraçado pela objeção do autoencobrimento da sua própria operatividade. Por isso, é um erro das Ciências do Espírito competir com as Ciências Naturais pela igualdade de direitos. Assim que concedem a estas últimas a objetividade enquanto autossuficiência, caem elas próprias no objetivismo. Mas, tal como elas estão agora desenvolvidas, com as suas diversas disciplinas, as Ciências do Espírito carecem da racionalidade última, efetiva, tornada possível pela visão espiritual do mundo. Esta falta de uma racionalidade autêntica sob todos os aspectos é, precisamente, a fonte da obscuridade insuportável do homem acerca da sua própria existência e das suas tarefas infinitas. Os homens estão inseparavelmente unidos em uma tarefa: *apenas quando o espírito, a partir da sua volta ingênua para fora, retorna sobre si próprio* **<346>** *e permanece em si próprio e puramente em si próprio, pode a si próprio bastar.*

7 **N.T.:** *Inexistenz* deve, aqui, ser tomado no sentido de "existência-em" e não no sentido de "não existência".

Como se chegou, porém, a um começo de uma tal autorreflexão? Um começo não era possível enquanto campeava o sensualismo, ou melhor, o psicologismo dos *data*, a Psicologia da *tabula rasa*. Só quando *Brentano* exigiu uma Psicologia enquanto ciência das vivências intencionais foi dado um impulso que poderia conduzir mais além, se bem que o próprio Brentano não tivesse ainda superado o objetivismo e o naturalismo psicológico. A elaboração de um método efetivo para captar a essência fundamental do espírito nas suas intencionalidades e para, a partir daí, edificar uma analítica do espírito que fosse consistente até o infinito, conduziu à Fenomenologia transcendental. Ela supera o objetivismo naturalista e todo e qualquer objetivismo em geral da única maneira possível, a saber, pelo fato de que aquele que filosofa procede a partir do seu próprio eu e, decerto, puramente como o executor de todas as suas validades, das quais ele se torna um espectador teorético. Nesta atitude, é possível edificar uma ciência do espírito absolutamente suficiente, sob a forma de uma consequente autocompreensão e de uma compreensão do mundo enquanto realização espiritual. O eu também já não é mais, então, uma coisa isolada ao lado de outras coisas tais em um mundo pré-dado e, em geral, cessa a séria exterioridade e justaposição das pessoas egoicas em benefício de um íntimo ser uns-nos-outros e ser uns-para-os-outros.

Contudo, não é possível falar desse assunto aqui, pois nenhuma conferência o poderia esgotar. Mas espero ter mostrado que não se trata, aqui, de renovar o antigo Racionalismo, que era um naturalismo absurdo, incapaz, em geral, de captar os problemas espirituais que nos tocam mais de perto. A *ratio* que está agora em questão não é outra senão a autocompreensão efetivamente universal e efetivamente radical do espírito, na forma da Ciência Universal autorresponsável, em que um modo completamente novo de cientificidade se põe ao caminho e no qual todas as perguntas pensáveis encontram o seu lugar: as perguntas pelo ser e as perguntas pela norma, bem como as perguntas acerca da chamada existência. É minha convicção que a Fenomenologia intencional <**347**> fez, por vez primeira, do espírito enquanto espírito um campo de experiência e de ciência sistemáticas e, por via disso, operou uma total transformação da tarefa do conhecimento. A universalidade do espírito absoluto abrange todo o ser em uma historicidade absoluta, que incorpora em si a natureza enquanto formação espiritual. Só a Fenomenologia intencional e, decerto, transcendental fez luz sobre isto, por meio do seu ponto de partida e dos seus métodos. Só a partir dela se compreende, desde os fundamentos mais profundos, o que o objetivismo naturalista é, e, em particular, que a Psicologia, através do seu naturalismo, deva passar ao lado, em geral, da realização do espírito, do problema radical e autêntico da vida espiritual.

III

Condensemos as ideias fundamentais das nossas explanações: a hoje em dia tão falada "crise da existência europeia", documentando-se em inumeráveis sintomas de desagregação da vida, não é nenhum destino obscuro, nenhuma fatalidade impenetrável, mas torna-se compreensível a partir do plano de fundo da *teleologia da história europeia*, que pode ser filosoficamente descoberta. Pressuposto para esta compreensão é, porém, que o fenômeno "Europa" seja, antes de tudo, captado no seu núcleo essencial central. Para que a desordem da "crise" hodierna possa ser concebida, o *conceito Europa* deve ser elaborado enquanto *teleologia histórica de finalidades infinitas da razão*; deve ser mostrado como o "mundo" europeu nasceu de ideias da razão, ou seja, do espírito da Filosofia. A "crise" pode, então, tornar-se clara como o *aparente fracasso do Racionalismo*. A razão do falhanço de uma cultura racional reside, porém – como foi dito –, não na essência do próprio Racionalismo, mas unicamente na sua *alienação*, na sua absorção no "naturalismo" e no "objetivismo".

A crise da existência europeia tem apenas duas saídas: a decadência da Europa no afastamento perante o seu próprio sentido racional de vida, a queda na fobia ao espírito e na barbárie, ou então o renascimento da Europa a partir do espírito da <**348**> Filosofia, por meio de um heroísmo da razão que supere definitivamente o naturalismo. O maior perigo da Europa é o cansaço. Se lutarmos contra este perigo de todos os perigos como "bons europeus", com aquela valentia que não se rende nem diante de uma luta infinita, então, do incêndio aniquilador da incredulidade, do fogo consumptivo do desespero a respeito da missão humana do Ocidente, das cinzas do cansaço enorme, ressuscitará a Fênix de uma nova interioridade de vida e de uma nova espiritualidade, como penhor de um grande e longínquo futuro para o Homem – porque só o Espírito é imortal.

GLOSSÁRIO ALEMÃO-PORTUGUÊS

Os termos registrados são os de maior significado teórico, no âmbito dos ensaios de Husserl aqui traduzidos, ou que apresentam particularidades de tradução. Quando, em função do contexto, há várias traduções de um mesmo termo, se indica em itálico a opção mais frequente.

A

Anlage – disposição
Anmessung – adaptação
Anschauung – intuição
Ausbildung – formação; preparação
Ausschaltung – exclusão
Ausdeutung – explicação
Ausfüllung – enchimento

B

Begründung – fundamentação
Beruf – *vocação*, profissão
Berufsleben – *vida vocacional*, vida profissional
Beseligung – felicidade
Besinnung – consciência

Beurteilen - ajuizar
Beurteilung - ajuizamento
Bewegung - movimento
Bildung - formação

D

Denkgestaltung - configuração pensante
Deutung - interpretação

E

Echt - autêntico
Einbeziehung - inclusão
Eingreifen - intervir
Einsicht - intelecção
Einstellung - atitude
Entwicklung - desenvolvimento
Erfüllung - preenchimento
Erneuerung - renovação
Erkenntniseinstellung - orientação cognitiva
Ethik - ética

F

Fingieren - *fingimento*, ficção (subst.), fingir, ficcionar (verbo)
Folgestaz - proposição consecutiva
Form - forma

Formidee - ideia formal

Freiheit - liberdade

G

Gemeinsamkeiten - coisas comuns

Gemeinschaft - comunidade

Gesinnung - disposição

Gesolltheit - imperatividade

Gestalt - *forma*, figura, configuração

Gestaltung - formação

Gewissenhaft - conscienciosamente

Glückseligkeit - felicidade

I

Idee - ideia

Inne werden - apropriar

K

Kultur - cultura

Kulturbestand - existência cultural

L

Leben - vida

Lebensziel - meta de vida
Lehrsatz - teorema
Leistung - realização

M

Mannigfaltigkeitslehre - doutrina das multiplicidades
Menschentum - humanidade
Menschenverstand - entendimento humano
Menschheit - *humanidade*, coletividade humana

N

Nachdenken - reflexão
Nachverstehen - recompreensão (subst.), recompreender (verbo)
Neigung - inclinação
Normieren - *normalizar*, sujeitar a normas
Normierung - *normalização*, sujeição a normas

P

Phantasie - fantasia
Phantasieanschauung - intuição na fantasia
Prägnant - *pleno*, pregnante

R

Rechtmässigkeit - legitimidade
Rechtsfertigung - justificação

S

Sachenwelt - mundo objetivo
Sachgerecht - conforme com a coisa
Satz - proposição
Selbsterziehung - autoeducação
Selbstgestaltung - autoformação
Selbstwertung - autovaloração
Selbstlos - sem um eu
Selbstregelung - autorregulação
Streben - esforço (subst.), esforçar (verbo)
Strenge Wissenschaft - ciência estrita

T

Tatsächlich - fatual (subst.).

U

Überzeugung - convicção
Umbildung - transformação
Umfange - extensão

Umstellung - conversão (de atitude)
Umwelt - mundo circundante
Unvollkommenheit - imperfeição
Urbild - protótipo
Urstiftung - instituição primitiva
Urteilsmeinung - visada judicativa
Urteilsrichtung - orientação judicativa

V

Variation - variação
Verantwortung - responsabilidade
Vergemeinschaftung - comunalização
Vergemeinschaften - comunalizar
Vernunft - razão
Verstehen - compreensão (subst.), compreender (verbo)
Vorbild - *modelo*, padrão
Vollkommenheit - perfeição

W

Weisheit - sabedoria
Weltweisheit - sabedoria do mundo
Wert - valor
Wesen - *essência*, (um) ser
Wesensforschung - investigação da essência
Wesensgesetzen - leis de essência
Wesensintuition - intuição das essências
Wesensschau - visão das essências

Wesensverhalt - estado-de-essência
Wille - vontade
Wissenschaft - ciência
Wirklich - *efetivo*, real
Wirklichkeit - *efetividade*, realidade
Wirkung - *eficácia*, efeito

Z

Zeichnen - traçar
Ziel - *meta*, objetivo
Zufriedenheit - contentamento
Zweck - fim
Zweckidee - *ideia-final*, ideia de fim
Zweckmässig - adequadamente (adv.)

www.forenseuniversitaria.com.br

bilacpinto@grupogen.com.br

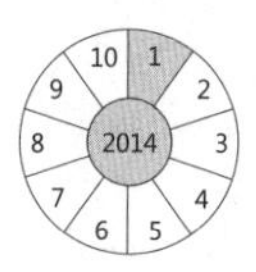

Pré-impressão, impressão e acabamento

grafica@editorasantuario.com.br

www.editorasantuario.com.br

Aparecida-SP